千葉から房総丘陵を横断し、太平洋沿岸の安房鴨川に至る路線

外房線
街と鉄道の歴史探訪

山田 亮

1972（昭和47）年から外房線および内房線の普通電車に、横須賀線色の113系が主力として投入された。
◎長者町　1986（昭和61）年1月　撮影：山田 亮

Contents .....

東浪見〜太東間を行く下り特急「わかしお」。バックの池は椎
木堰。太平洋に近い房総半島東部には農業用水を確保する必
要から川をせき止めた溜め池（野池）が多く、釣りの名所となって
いる。地元では溜め池を「堰」という。
◎東浪見〜太東　2000（平成12）年7月28日　撮影：安田就視

外房線の歴史

房総半島の地形

　東京湾を抱き太平洋に突出した房総半島は東西106km、南北130kmの大きな半島で、その北部は利根川流域の沖積平野および浸食谷が発達する低い両総台地と海岸平野である九十九里平野が広がる。半島南部は高さ300m級の房総丘陵で山容は標高が低い割には険しく、山々が海岸に迫り荒々しく男性的な景観となっていて平地は少ない。これが鉄道建設にも影響し地形的に比較的平坦な北部は鉄道建設が進んだのに対し、南部は地形が険しく鉄道建設は遅れた。横断鉄道は結果的に横断する形になった小湊鉄道、いすみ鉄道（旧・木原線）があるだけである。

千葉の鉄道建設

　関東地方では千葉県の鉄道建設が最も遅れた。1887（明治20）年武総鉄道、総州鉄道の2社が計画された。武総鉄道は東京本所（現・錦糸町）を起点とし市川、船橋、千葉、佐倉、成田を経て佐原に至る約83kmの路線で、総州鉄道は東京本所を起点に佐倉までは武総鉄道と同じルートで八街、芝山、八日市場を経由し銚子に至る約115kmの路線で、将来は途中で分岐して勝浦まで延長する計画であった。ところが当時の千葉県知事は「本県は周囲を海および利根川、江戸川に囲まれ水運が発達しており鉄道は必要ない」とその願い出を拒絶した。これは利根川と江戸川を短絡する利根運河の建設が決まっていたことも影響している。利根運河は1888（明治21）年に着工され1890年に完成している。

　そこで両鉄道の発起人たちは合同して社名を総武鉄道とし、1889（明治22）年、東京本所〜千葉〜八街間の路線免許を申請し、すぐに免許がおりた。このルートでは水運との競合がないからである。総武鉄道は千葉県最初の鉄道として1894（明治27）年7月、市川〜佐倉間が開通し、同年12月には江戸川を渡り本所（現・錦糸町）に達し、東京側のターミナルとなった。1897（明治30）年6月、本所（現・錦糸町）〜銚子間が全通した。

　成田山新勝寺のある成田へは同年1月、成田鉄道によって佐倉〜成田間が開通し、翌1898年2月に佐原まで開通した。この頃になると、鉄道の優位性が明らかになり、水運との競合を考慮する必要がなくなったことも背景にある。1901（明治34）年4月には成田〜我孫子間が開通し、翌1902年から日本鉄道（現・常磐線）に乗り入れ上野〜我孫子〜成田間の直通運転が始まった。1904（明治37）年4月には総武鉄道の本所（現・錦糸町）〜両国橋（現・両国）間が開通し、隅田川の東側に達して両国は千葉方面へのターミナル駅となった。1907（明治40）年9月には総武鉄道は国有化され総武本線となった。なお日本鉄道は1906年に国有化されて常磐線に、成田鉄道は1920年に国有化され成田線となった。

房総への鉄道開通

　房総方面の鉄道は現在の外房線が先行した。1889（明治21）年、房総馬車鉄道蘇我〜大網〜東金間および大網〜茂原間に免許が交付されたが、後に普通鉄道に変更され房総鉄道として新たに免許が交付された。総武鉄道市川〜佐倉間開通の2年後、1896（明治29）年1月、房総鉄道によって蘇我〜大網間が開通し、同年2月には千葉〜蘇我間が開通したが、千葉では逆方向に線路が取り付けられたため、両国方面から房総方面への直通列車は千葉で方向が変わることになった。

　房総丘陵を越える土気〜大網間はトンネル建設を伴なう難工事であった。1897年4月には上総一ノ宮、1899（明治32）年12月には大原に達した。一方、大網〜東金間は1900（明治33）年6月に開通した。房総鉄道では千葉〜東金間の連絡を重視したため、大網では東金方面へ直進する線形とし、大原方面へはスイッチバックする線形になった。1907（明治40）年9月には房総鉄道は総武鉄道とともに国有化され、房総線（後に房総東線）となった。

　大原まで開通後は東京湾側（後の房総西線）の建設が優先された。東京湾入口は「帝都防衛」のための要塞地帯とされ、軍事上重要な地域だったためである。1912（大正元）年8月には木更津線として蘇我〜木更津間が開通し、その後は小刻みに延伸し、1919（大正8）年5月、安房北条（現・館山）まで開

通し北条線と改称された。1925（大正14）年7月に北条線は安房鴨川まで開通した。

太平洋側（後の房総東線）の大原から先の建設はやや遅れ、国有化後の1913（大正2）年6月に勝浦、昭和になって1927年4月に上総興津へと延伸し、1929（昭和4）年4月に安房鴨川まで開通した。これにより房総半島を一周する鉄道が完成した。

昭和戦前期の房総東線

1929年4月、房総半島一周鉄道の完成により、列車は安房鴨川でそのまま直通する循環運転で千葉へ戻った。大網のスイッチバックのため機関車付け替えの必要があったが、客車編成の向きは変わらず千葉に戻った。1933（昭和8）年4月から千葉～大網～安房鴨川間が房総東線、蘇我～館山～安房鴨川間が房総西線と改称された。千葉～蘇我間が房総東線なのは千葉～大網間が房総鉄道として先に開通した歴史を反映している。

1930（昭和5）年9月改正の時刻表によると房総東線の列車は両国橋（現・両国）発着で、両国橋～安房鴨川間（勝浦経由）を約4時間で結び、すべて普通列車であったが1往復だけは錦糸町～千葉間ノンストップの快速運転で3時間30分運転だった。当時、両国橋から房総東線への直通列車は千葉、大網で進行方向が変わった。また両国橋～千葉間は電化されておらず、蒸気列車が各駅に停車していたが、一部列車は錦糸町だけに停まる快速運転だった。夏の海水浴シーズンなど多客期に運転される不定期の快速列車もあり、両国橋～安房鴨川間（所要約3時間15分）、両国橋～勝浦間（所要約2時間40分）が各1往復運転された。

車両であるが戦前の房総東西線、総武本線、成田線はハチロクと呼ばれた8620形蒸気機関車が主力で木造客車および貨物列車を牽引し、1938（昭和13）年以降、中型蒸気機関車C58形が投入され8620形とともに旅客、貨物を牽引した。また房総東線および西線には明治末期にドイツから輸入され（一部は日本で模倣して製造）、東海道線で特急、急行列車を牽引した8850形蒸気機関車も運行され、当時のファンの間で話題になった。

1932（昭和7）年7月、両国～秋葉原～御茶ノ水間に高架線が開通し、省線電車によって東京都心に達した。総武本線の電化は市川、船橋と延伸し1935（昭和10）年7月、千葉まで省線電車（後の国電）が運転開始された。同時に両国発着の客車列車は本数が減り、両国～千葉間ノンストップになった。1939（昭和14）年11月時点の時刻表では千葉～大網間および東金線、木原線に気動車（ガソリンカー）が運転されている。

国策映画「指導物語」

当時の千葉、房総の鉄道を描いた映画として1941（昭和16）年公開の「指導物語」（東宝、監督熊谷久虎、主演丸山定男、藤田進、原節子）がある。当時の鉄道連隊で学徒兵を機関士に養成する厳しい訓練を描いた「国策映画」だが、指導機関士（丸山）と学徒兵（藤田）の師弟関係の触れ合いも描かれる。千葉の鉄道が舞台で当時の新鋭蒸気機関車C58が準主役？として登場する。

鋸山付近の海岸線を走る列車の俯瞰撮影もあるが「要塞地帯」（房総西線青堀～九重間が指定）だけあって沿線撮影には制約があったはずで冒頭に「陸軍省、鉄道省、御検閲済み」のテロップが流れる。当時の千葉駅、千葉機関区、スイッチバックだった大網駅が登場するが、当時の大網駅の光景は貴重である。総武本線電車も登場し、木造電車を鋼体化した17m車モハ50系（戦後のクモハ11 400番台）が西千葉駅？を発車するシーンもある。圧巻は佐倉駅東側の総武本線、成田線の併走区間でC58牽引の列車同士が競争するラストシーンで現在でも付近の風景はあまり変わっていない。DVD化などはされていないが、名画座等で上映されることもある。

戦後はディーゼル王国へ

房総東線および西線は、戦後しばらくは蒸気機関車が煤けた木造客車を牽引していたが、老朽化が激しく危険ですらあり、1949（昭和24）～50年から木造客車の鋼体化が進められオハ60、オハ61形客車に置き換えられたが座席は背ずりが板張りで座席間隔も狭く快適とはいえなかった。1949

年からは茂原付近で産出する天然ガスを燃料とした天然ガス動車が戦前製造のガソリン動車（キハ41000）を改造して運行された。

国鉄では房総地区をディーゼル化モデル地区とし、1952（昭和27）年に試作車として電気式ディーゼル車キハ44000（後にキハ09と改番）が投入された。しかし、電気式は構造が複雑でコストが高い割には出力が低く、液体式変速機を使用した液体式ディーゼル車が性能面、コスト面で有利でキハ45000系（キハ10系）が登場し、片運転台のキハ17、キハ16、中間車キハ18、両運転台キハ10（注）などが製造された。

1954（昭和29）年10月改正で房総東西線はキハ10系により大幅にディーゼル化され、蒸気機関車牽引の客車列車は朝夕ラッシュ時だけの運行になった。房総半島は独立した地区で長距離運転がないこと、沿線人口や行楽客が多くフリークエントサービス（頻発運転）の必要があることが理由である。

投入されたキハ10系はローカル線用で軽量化のため車体幅が狭く、座席もクロスシートだがビニール張りであった。座席間隔も狭く、ひじ掛けもなく貧弱であり長時間乗車には不向きで、外観はいわゆるバス窓だった。投入時はキハ17－キハ18－キハ16の3両編成が基本だが、時間帯によっては混雑し不評だった。房総東線・西線の列車はディーゼル化後も安房鴨川で西線→東線、東線→西線と直通し房総を一周し、大網のスイッチバックのため千葉へ戻っても編成の向きは変わらなかった。

（注）キハ45000は片運転台で1957年の改番でキハ17となったが、キハ17を含む車体幅の狭い「バス窓」気動車全体を登場時はキハ45000系、1957年の改番後はキハ10系と称する。両運転台キハ10の旧形式はキハ48100である。

ディーゼル準急列車の登場

1955（昭和30）年11月、房総東西線千葉～（西線）～安房鴨川～（東線）～千葉間にキハ10系による半島を一周する快速列車が登場し、休日は新宿発着となった。その時刻は次の通りである。

101～202列車、（新宿8：00）千葉9：00（西線経由）安房鴨川11：25／11：30（東線経由）千葉13：26

201～102列車、千葉13：40（東線経由）安房鴨川15：35／15：36（西線経由）千葉17：56（新宿19：10）

この列車は休日には新宿～千葉間で銚子発着の快速列車「房総の休日」号を併結した。

房総東線・西線最初の優等列車は1958（昭和33年）11月に登場したディーゼル準急「房総」で、運転区間は両国～館山間、両国～安房鴨川間（東線経由）、両国～銚子間（総武本線経由）でキハ20系を使用し、両国～千葉間は3方向の列車を併結する「3階建」だった。両国～安房鴨川間2時間30分で、普通列車より約1時間速く好評で、その後増発され車両も準急用キハ55系が投入された。1961（昭和36）年10月の全国ダイヤ改正時には準急は東線、西線それぞれ4往復（「房総」「京葉」各2往復）で新宿（または両国）～千葉間では東線経由と西線経由の編成を併結した。1962年10月から愛称は東線が「外房」、西線が「内房」になり、この頃からキハ58系（主として1エンジンのキハ28）が投入された。1963（昭和38）年4月には千葉駅が移転し、両国から房総方面への千葉でのスイッチバックが解消された。1965年10月改正では準急は西線「内房」、東線「外房」各6往復となり新宿（または両国）間で「内房」と「外房」を併結し、そのうち4往復は東線と西線を直通して房総半島を一周する循環準急だったが列車名は安房鴨川で変わった。（翌1966年3月から100km以上の準急は急行となった）

1967（昭和42）年10月改正では半島を一周する循環急行が西線内で「うちうみ」東線内で「そとうみ」と改称されたが、翌1968年7月から再び改称され、東線が「そと房」、西線が「うち房」に統一された。

さよなら房総の蒸気機関車

大幅にディーゼル化された後も房総東西線では通勤時間帯の客車列車および貨物列車は蒸気機関車（SL）が牽引した。牽引機は旅客列車がC57、C58、貨物列車が、C58、8620だった。1968（昭和43）年10月の全国ダイヤ改正後も、房総東西線はじめ千葉地区の蒸気機関車は残ったが、翌1969年になるとディーゼル機関車への置換えが始まった。

1969年3月14日限りで上野～成田間の客車列車を牽引していたC57が引退し、上野駅から最後の

SLが消えると話題になった。最終日の牽引機はC57114（佐倉機関区）だった。同年7月10日、房総西線に3往復運行されていたC57牽引客車列車（両国〜館山間1往復、千葉〜館山間2往復）は運行最終日を迎え、翌7月11日から木更津〜千倉間電化に伴いすべて電車化された。

その後は都内に乗り入れる蒸気機関車牽引客車列車は房総東線直通の両国〜勝浦間1往復だけとなった。その時刻は次の通りでC57が牽引した。

（221列車）両国17：43〜勝浦21：12。（222列車）勝浦3：58〜両国6：57。

1969（昭和44）年8月20日がSL牽引の最終日で、牽引機はC57105（佐倉機関区）で翌日からDE10牽引となった。都内から最後のSLが消えるとマスコミで大きく取りあげられたこともあって、両国駅や沿線に多くのSLファンや見物人が集まり大変な騒ぎだったが、一部ファンの危険な行動も見られた。房総東西線の貨物列車も翌1970年3月までにDE10に、置き換えられた。

外房線の電化と電車特急の登場

千葉以遠は単線非電化のローカル線でのどかな風景が続いていた。しかし1960年前後（昭和30年代半ば）から京葉工業地帯の造成が進み、工業地帯への通勤者が増え千葉以遠の都市化、宅地化が進んだ。それに伴い旅客、貨物とも輸送量が急増し、単線非電化のローカル線では対応できなくなった。また南房総も首都圏のリゾート地として観光客が増加しており、房総東線および西線の電化、複線化が推進されることになった。電化は房総西線が先行し、1968（昭和43）年7月、千葉〜木更津間が電化開業し、翌1969年7月千倉まで、1971年7月に安房鴨川まで電化され房総西線は全面的に電車化された。

1972（昭和47）年7月15日、房総東線の蘇我〜安房鴨川間が電化開業し、土気〜永田間に新線、新トンネルが建設されて複線化され、土気の急勾配、大網のスイッチバックも解消された。同時に東京〜錦糸町間地下新線および東京地下駅が完成し、錦糸町〜津田沼間の複々線化も完成した。これを機にダイヤ改正が行われ、房総東線は外房線、房総西線は内房線と改称された。この改正で東京〜安房鴨川間に特急「わかしお」、東京〜館山・千倉間に

特急「さざなみ」が183系電車で登場した。「わかしお」は東京〜安房鴨川間132.5kmを約2時間で結んだが、従来の常識を破る短距離特急で実質的値上げともいわれた。165系電車の急行も半島一周の循環急行として残り、外房線→内房線が「みさき」、内房線→外房線が「なぎさ」となった。113系1000番台（地下乗り入れ対応車）による快速電車も東京〜上総一ノ宮・大原間に登場した。1982（昭和57）年11月改正で、急行は廃止されすべて特急に統一された。

京葉線開通と「わかしお」の255系、E257系化

東京外環状貨物線として建設された京葉線は1986（昭和61）年3月、西船橋〜千葉みなと間が開業し、1990（平成2）年3月に東京〜蘇我間で旅客営業を開始した。同時に京葉線経由で外房線へ直通する通勤時間帯の快速電車が東京〜上総一ノ宮間2往復（朝上り、夕刻夜間下り）運転開始され、うち1往復は誉田で分割併合して東金線成東まで直通した。

1991（平成3）年3月、新宿・横浜〜成田空港間に「成田エクスプレス」が運転開始され、「わかしお」「さざなみ」は総武本線から押し出される形で京葉線経由となったが、千葉を通らないこと、東京駅での乗換えが不便になったことで乗客の不満は強くなった。1993（平成5）年7月から白、青、黄の3色塗り分けの255系が登場し、「ビューさざなみ」「ビューわかしお」として運行された。1997（平成9）年12月には東京湾アクアラインが開通し、マイカーや高速バスへの転移で内房線「さざなみ」にはかなり影響があったが、外房線「わかしお」には大きな影響はなかった。183系も老朽化し2004（平成16）年10月から183系の定期「わかしお」はE257系500番台になった。2005年12月から255系「ビューわかしお」から「ビュー」が外れ、255系、E257系500番台を問わず愛称が「わかしお」に統一された。

外房線の現在

現在、「わかしお」は京葉線経由で255系およびE257系500番台で運行されている。高速バスへの転移でラッシュ時の通勤特急を除くと壊滅状態の

内房線「さざなみ」と異なり、「わかしお」は１〜２時間間隔を維持し、大部分の列車が東京〜安房鴨川間であるが、勝浦発着の列車もある。朝および夕刻夜間には上総一ノ宮、茂原発着列車もあるが実質的な通勤ライナーである。土休日には新宿発着の総武本線経由「新宿わかしお」も１往復運転されている。ライバルの高速バスは東京駅八重洲口〜勝浦駅〜御宿または安房小湊間に運行されているが、東京駅〜勝浦駅間が1時間50分台で「わかしお」の約１時間30分とは差があり、今のところ「わかしお」が優位を保っているが今後は予断を許さないだろう。

　普通電車は1972（昭和47）年の電化時から113系および旧型72系で運行されたが、特に72系は２時間以上走るにもかかわらずロングシートで便所はなく、冬季は寒風が入り込み苦情も多く「特急に乗せるための陰謀」とすら言われた。しかし1977（昭和52）年９月にようやく定期運用が終了し113系（横須賀線色）に統一された。

　2006（平成18）年10月から211系ロングシート車（側面帯は黄色と青色）が転入し113系とともに運行されたが、2009年10月から209系2000番台（両端のクハが一部クロスシート化）が転入し運行を開始し、それに伴い211系は2011（平成23）年9月で定期運用が終了し、113系も2011年9月に定期運用が終了した。現在の普通電車はすべて209系2000番台・2100番台で先頭および最後部（クハ209）は一部がクロスシートになっている。

　京葉線と外房線を直通する快速電車はE233系5000番台で通勤時間帯のほかデイタイムにも運転され上総一ノ宮発着だが通勤時間帯の１往復は勝浦発着である。誉田で分割する東金線成東発着も通勤時間帯に１往復が運転される。横須賀線と直通する総武本線経由の快速も上総一ノ宮発着であるが、昼間は運転されない時間帯もある。車両はE217系であるが、2020年からE235系（普通車は全車ロングシート）への置換えが発表されている。

東金線の歴史

　東金は千葉県山武地区の中心都市で江戸時代から宿場町、問屋街として栄えた。房総東線（現・外房線）と総武本線を結ぶ東金線は1900（明治33）年6月、房総鉄道によって開業した。東金への鉄道建設をめぐって、当時の総武鉄道と房総鉄道の間で免許争奪戦があったが、房総鉄道が免許を取得した。房総鉄道では千葉と東金の連絡を重視し、大網では東金線へ直通する線形となり勝浦方面へはスイッチバックとなった。東金〜成東間の開通は国有化後の1911（明治44）年11月である。

　九十九里平野をほぼ直線で貫く平坦線で沿線は田園地帯である。房総東線の貨物列車は土気〜大網間の急勾配を避けるため、千葉〜大網間は成東、東金線経由で1972（昭和47）年の大網駅移転後も東金線と外房線を結ぶ貨車連絡線が存置されたが1996（平成8）年3月に廃止された。1973年9月28日から電化され、旧型72系電車が運行された。

　東金から九十九里浜近くの上総片貝まで九十九里鉄道（軌間762㎜）が1926（大正15）年11月に開通したが、1961（昭和36）年3月に廃止された。

木原線の歴史

外房線大原と上総中野を結ぶいすみ鉄道は、国鉄時代は木原線と称し、終点の上総中野で小湊鐵道と連絡し房総半島横断鉄道を形成している。

明治後半から大正初期、建設費の安価な軽便鉄道が各地で建設されたが、県営鉄道は千葉、宮崎、沖縄だけであった。いずれも所得水準が低く民間資本の蓄積がなく、民間の力では鉄道建設が困難だったからである。木原線は1912（大正元）年12月、千葉県営軌道大多喜線として大原～大多喜間が開通したが、建設にあたり多くの鉄橋が必要であり、財政上の問題から軌間609mm、人車軌道で道路上に敷設という異例の姿で建設された。人車軌道は人が客車を押す文字通り人力鉄道である。

この県営人車軌道は経営難から民間に譲渡され1922（大正11）年に地元資本の夷隅（いすみ）軌道に継承され、翌1923年から小型の内燃動車（ガソリンカー）が運行された。

一方、木更津と久留里、大多喜を経て大原へ向かう房総半島鉄道が鉄道敷設法（1922年改正）の予定線となり、1927（昭和2）年8月に着工され、同年8月末日に夷隅軌道（大原～大多喜間）は鉄道省に買収され廃止された。

木原線は1930（昭和5）年4月に大原～大多喜間が夷隅軌道の線路敷を一部利用して開通し、1933年8月に総元まで延伸され、1934（昭和9）年8月、上総中野まで開通し、すでに1928年5月に全線開通していた小湊鉄道に接続した。一方、木更津～大原間鉄道の一部である久留里～上総亀山間は1936年3月に開通していたが（木更津～久留里間は千葉県営鉄道として1912年12月開通）、上総中野～上総亀山間は地勢が険しく建設されなかった。

木原線は戦前にガソリンカー（キハ41000形）が運行され、戦後も1949（昭和24）年頃から天然ガスを燃料とする天然ガス動車（キハ41000形を改造したキハ41200形）が運行された。木原線を有名にしたのはレールバス、キハ10000形（後のキハ01形）で1954（昭和29）年に登場し1963（昭和38）年まで運行された。

1981（昭和56）年6月、当時の国鉄は昭和57（1982）年度末までに廃止しバス転換する特定地方交通線（第一次）を選定し、木原線も輸送密度（1日1kmあたりの乗客数）が2000人未満であることから「第一次廃止対象」とされた。それに対し、地元は「乗って残そう」運動が起きた。沿線の大多喜町に高校が2校あり、その通学輸送がバスでは賄えないことも理由だった。結局、鉄道存続を願う自治体や沿線住民の強い意向もあり第三セクターいすみ鉄道が設立され、1988（昭和63）年3月24日、JR木原線はいすみ鉄道いすみ線に継承された。

現在、いすみ鉄道は「沿線にあるのは自然だけ」を逆手にとり「ここには『なにもない』があります」と積極的にPRしている。2011（平成23）年4月からJR西日本から購入したキハ52の運転を開始、2013年3月から同じくJR西日本から購入したキハ28の運転も開始した。国鉄色で走る国鉄形ディーゼル車はまさに1960年代～70年代へのタイムスリップで、最近の「ローカル線ブーム」とあいまって注目されている。

◎国吉　2019（令和元）年12月
撮影：山田 亮

外房線の沿線案内図 （所蔵・文　生田 誠）

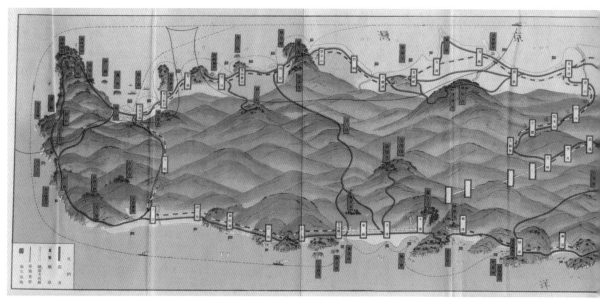

【房総遊覧図（昭和2年発行）】
太平洋沿いに走る外房線、総武本線がほぼ水平に描かれている房総半島を中心とした房総全図である。鉄道路線とともに県道が赤い線で示されており、清澄山（寺）、大多喜などと結ばれている。木原線（現・いすみ鉄道いすみ線）の開通は1930（昭和5）年のため、この地図では描かれていない。外房線沿線の海岸には、赤い旗で示された海水浴場が多く存在し、鯛ノ浦、オセンコロガシ、勝浦燈台といった名所も点在している。なお、この絵図の表紙には、砂浜で漁師が漁網を干す様子が描かれており、この地域で漁業が盛んだったこともうかがわれる。

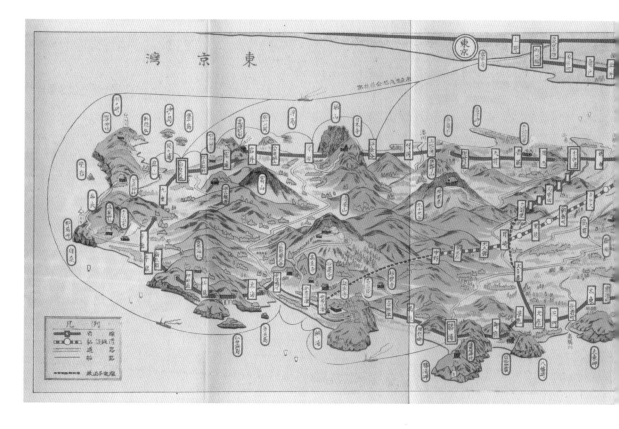

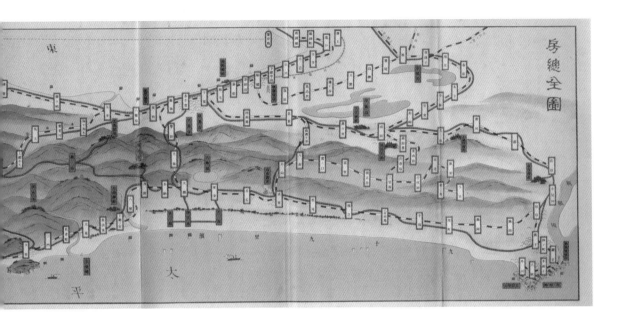

【春の房総（昭和戦前期）】
「春の房総」と題して房総観光協会が発行した、千葉県内の鉄道路線図、観光地図である。外房線などの国鉄（現・JR）線は赤い太線で示されており、駅名は赤枠、地名は青枠で囲まれている。千葉駅から蘇我駅を経由して大網駅、上総一ノ宮駅、大原駅、勝浦駅、安房鴨川駅に至る外房線の路線とともに、大原駅から大多喜駅に至る木原線（現・いすみ鉄道いすみ線）が見える。大多喜駅から久留里駅への路線は点線であり、現在は上総亀山駅まで通っている久留里線が工事・計画中であったことがわかる。春の地図らしく、桃色の桜の樹林が随所に描かれている。

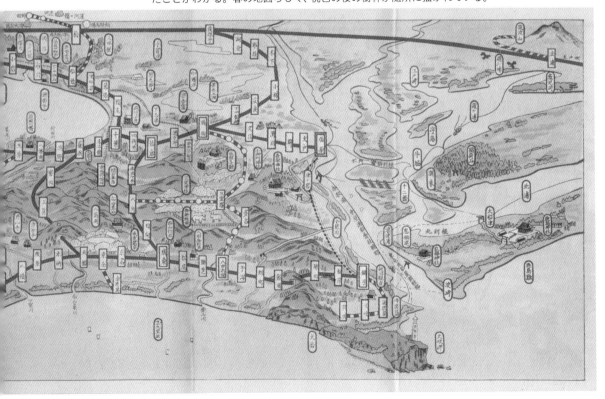

大正〜昭和戦前の沿線風景 （所蔵・文　生田 誠）

【茂原町高師耕地整理組合】（昭和戦前期）
当時、長生郡茂原町（現・茂原市）で行われていた高師耕地整理組合による、一号幹線用の水路サイフォン工事の様子である。「高師」は現在のJR茂原駅周辺で、1937（昭和12）年頃に耕地整理などが行われていた。画面の左側と右奥には、サイフォンを使って用水の水を通すための管が多数並べられている。

【上総一ノ宮の海水浴】（1907年頃）
明治41（1908）年1月1日の消印が見える「夏の一宮海海岸」と題した、明治後期の海水浴風景の絵葉書で、前年（1907年）夏頃の風景と推測される。外房線の前身である房総鉄道は1897（明治30）年に一ノ宮（現・上総一ノ宮）駅まで開通し、夏には多くの海水浴客が訪れるようになる。

【大原海岸の鰹漁】（大正期）
大原漁港は現在もイセエビの水揚げ高で日本一を誇り、遊漁船による釣りも盛んに行われている。また、明治末期からは、サバ、イワシなどのまき網漁でも賑わってきた。これは水揚げされたカツオが籠に入れられている砂浜の風景で、多くの人々が漁の様子を見ている様子がうかがえる。

【大原海岸の全景】（大正期）
手前には漁師の茅葺屋根の家屋、奥には商家などの瓦屋根の家が見える大原海岸の全景である。海岸には多くの人の姿があり、夏の風景と思われる。1955（昭和30）年に大原町（旧）と東海村、東村などが合併して誕生した大原町は2005（平成17）年に夷隅町、岬町と合併して、いすみ市の一部となった。

【大原海岸の全景】（大正期）
手前には漁師の茅葺屋根の家屋、奥には商家などの瓦屋根の家が見える大原海岸の全景である。海岸には多くの人の姿があり、夏の風景と思われる。1955（昭和30）年に大原町（旧）と東海村、東村などが合併して誕生した大原町は2005（平成17）年に夷隅町、岬町と合併して、いすみ市の一部となった。

【御宿の海女】（昭和戦前期）
水際の岩の上にいる二人の海女。ともに豊かな体躯で、一人は腰を下ろし、もう一人はしっかりと立っている。御宿町は三重・志摩地方、石川・舳倉島と並んで日本三大海女地帯とされ、海女によるアワビ、サザエなどの漁が盛んな場所だった。彼女たちの姿を撮影した写真は、御宿町歴史民俗資料館で見ることができる。

【御宿海岸の鰯大漁】（昭和戦前期）
砂浜にずらりと並んだ籠には、大量の鰯が詰まっている。水際には小舟が見え、多くの漁師の姿とととともに、獲れたての魚が
次々と運ばれてくる光景が展開されている。こんな風景が見られた御宿の玄関口である御宿駅は、1913（大正2）年に開業。
現在、駅のホームには海女の像が置かれている。

【勝浦海岸の海水浴】（昭和戦前期）
ビーチパラソルやテントが並んだ夏の勝浦海岸で、モノクロながらカラフルな印象さえあるモダンな風景である。砂浜でく
つろぐ大人も子供も、既に洋風の水着をつけており、昭和10年前後（1935年頃）の風景と思われる。勝浦駅の周辺には、勝浦
中央海水浴場や串浜海水浴場が存在している。

【勝浦町全景】（昭和戦前期）
勝浦城があった勝浦は、1890（明治23）年に勝浦村が町制を敷いて、勝浦町が誕生。その後、豊浜村や興津町などと合併した後、1958（昭和33）年に勝浦市となっている。交通面では、1913（大正2）年には房総（現・外房）線の大原〜勝浦間が延伸し、街の玄関口となる勝浦駅が開業している。

【勝浦の朝市】（昭和戦前期）
400年の歴史を有する勝浦の朝市は岐阜・高山、石川・輪島と並んで日本三大朝市のひとつに数えられている。この絵葉書でも、道路の両側に女性たちが魚や野菜などを並べて店を開き、買い物客で賑わう様子が写されている。現在も水曜日と年始を除いて、午前6時から11時まで約50店舗による朝市が開催されている。

【興津海水浴場】
（昭和戦前期）
興津は江戸時代から、東廻り航路の交易船の寄港地として栄えていた。1889（明治22）年に夷隅郡清海村が誕生するが、1921（大正10）年に興津町と変わり、1955（昭和30）年に勝浦町（現・市）の一部になるまで存在した。興津では現在も、夏にこんな海水浴風景を見ることができる。

【安房小湊、誕生寺門前の市街】
（昭和戦前期）
現在は鴨川市の一部となっている小湊は、日蓮宗を開いた日蓮の生誕地であり、小湊山誕生寺が存在する。これは外房線の主要駅のひとつ、安房小湊駅の南東にある誕生寺の門前風景で、山門の前には参拝客を目当てにした土産物店、休憩所などが建ち並び、乗合自動車が停車している。

【安房小湊の遊覧船】（昭和戦前期）
小湊には1932（昭和7）年から、農林省水産講習所の小湊実験場が置かれ、戦後も東京水産大学の学生らが通っていた。ここにあった水族館は現在、千葉大学海洋バイオシステム研究センター・こみなと水族館となって、無料で公開されている。これは水族館に通っていた遊覧船・小鷹の姿である。

【鴨川鉄橋を通過する列車】（昭和戦前期）
「鴨川鉄橋を通過する列車」というキャプションのついた、蒸気機関車が牽引する上り列車を写した絵葉書である。安房鴨川駅の南北には加茂川と待崎川という2本の川が流れており、安房鴨川駅を発する外房線と内房線のそれぞれに国鉄の橋梁が存在していた。

【鴨川沖の鰮漁】（大正～昭和戦前期）
鴨川市の前原地区は古くから鰮（イワシ）漁が盛んで、肥料となる干鰯の生産拠点でもあった。安房鴨川駅の南側にある鴨川漁港は、地元の漁業の基地であり、釣り客なども多く訪れている。これは鰮漁を行っている海岸の風景で、浜側では手ぬぐいを被った女性たちが新たな水揚げを待っていた。

【鴨川市街】（昭和戦前期）
鴨川市は1971（昭和46）年に安房郡の鴨川町、江見町、長狭町が合併して誕生した。中心となる鴨川町は1889（明治22）年に前原町、横渚村などが合併して成立し、町を流れる加茂川から名称が付けられた。これは市街中心部のメインストリートで、土産物店や旅館などが建ち並ぶ風景である。

はじめに

　東京湾を抱きかかえるように突き出した房総半島。外房線は外洋である太平洋に面し「荒波」のイメージがある。内房線は波静かな東京湾に沿い文字通り「さざ波」のイメージが強い。動の外房線、静の内房線ということになろう。外房線はかつて房総東線と称し、約65年前にそれまでの「汽車ポッポ」から大幅に気動車化されディーゼル王国となった。だが単線ローカル線であり、急勾配や大網のスイッチバックもあり線路条件も決していいとは言えなかった。

　東京から安房鴨川まで1960年代のディーゼル準急、現代の電車特急を交えながら旅をしよう。房総への旅は東京地下駅から始まる。今の東京地下駅は1972（昭和47）年特急登場時の総武本線地下駅ではなく、京葉線地下駅だ。ディーゼル準急時代は房総、総武方面のターミナル両国から発車した（一部の列車は新宿発着）。1929（昭和4）年建設の天井の高い壮大な駅舎で、現在も健在だが駅内は「エキナカ」飲食店街になっている。総武本線国電と同じ線路を走り、幕張、稲毛付近では京成千葉線が右側に平行し、松林や家々の間から海岸線が遠望できた。この海岸線が埋め立てられさらに海側に「京葉線」ができるなど当時は夢想だにしなかった。1963（昭和38）年4月までは千葉で向きが変わった。

　現代の房総特急は京葉線を進む。潮見付近から地上へでて、倉庫、マンション群が並ぶ埋立地を走り、舞浜の東京ディズニーリゾートは車窓から眺めるだけだ。海浜幕張（幕張新都心）に停車し、千葉ポートタワーが見えるとほどなく蘇我。ここから内陸部へ向かい房総半島横断が始まる。土気を過ぎると房総丘陵の山越えにかかり、トンネルを抜け高架線で大網へ。かつてはトンネルを開削した切り通しを急勾配で通り抜ける難所だった。大網は高架駅で少し離れて東金線ホームがある。電化前の大網はスイッチバック駅で向きが変わり、4～5分の停車時間があり、駅弁売りの声が響いていた。

　ここから平野を南下し雑木林と田畑が続くが、高い山があるわけでなく平凡な眠くなるような景色である。茂原付近は1986（昭和61）年に高架化されている。東浪見付近では高台を走り太平洋の青い海が遠望できる。このあたりには堰と呼ばれる溜め池が点在する。大原では1960年代初めは木原線のレールバス、キハ01形が停まっていた。今ではいすみ鉄道の国鉄形ディーゼル車が見られる。

　再び海が見えるのは童謡「月の砂漠」の舞台として知られる御宿。少し離れて太平洋が広がり、海沿いにリゾートマンションが林立している。漁港で知られる勝浦では海水浴場が眼下に見える。ここから安房鴨川まで太平洋の荒波に沿って走ると言いたいところだが、房総半島は意外と山が深く、山が海岸に迫り駅間はトンネルで抜ける。安房天津を過ぎると海岸線がゆるやかな弧を描く房総らしい景色がようやく広がる。1960年代のディーゼル準急なら両国から約2時間40分、現在の電車特急なら東京から約1時間50分で安房鴨川に着く。駅舎は現代風に改装されているが建物は木造のままである。

　本書は外房線を中心に房総半島を走る東金線、木原線（現・いすみ鉄道）をあわせて取りあげた。かつてのディーゼル王国から電車王国へ。ここ数十年間の移り変わりを回想していただければ幸いである。

2020年1月　山田　亮

1章
総武本線を走る
外房線列車

市川駅を発車した113系使用の臨時急行「みさき2号」で、左の進入する緩行電車は101系である。
◎市川　1973（昭和48）年　撮影：長谷川 明

新宿駅で中央線快速と並ぶ房総東線のディーゼル急行「そと房」。房総東線の急行（1966年まで準急）は愛称が「房総」→「外房」→「そとうみ」と目まぐるしく変わったが1968年7月から「そと房」となり、1972年7月15日の電化までその名だった。房総東西線のディーゼル急行は準急時代から一部が新宿発着だったが、新宿駅は中央本線がメインであり、房総方面の列車は「他の管理局の列車」であるためか、駅職員の乗車案内もあまり熱心でなかった。
◎新宿　1972（昭和47）年7月14日　撮影：林 嶢

新宿駅で発車を待つ「外房3号」クハ153－55。房総地区の急行列車には当初新造の165系でスタートしたが、増発用の不足分には新幹線博多開業で余剰となった153系低運転台車も転入し、異彩を放っていた。当時の新宿駅では、山に行く中央本線と、房総各線の海に行く電車急行列車の全盛期だった。◎新宿　1975（昭和50）年8月　撮影：長谷川 明

新宿発の房総東線急行「そと房」新宿発着の房総方面急行は新宿から御茶ノ水まで中央本線の快速線を走行し、御茶ノ水の水道橋方で緩行線に転線し、総武本線を走行して千葉方面へ向かった。
◎千駄ヶ谷　1972（昭和47）年7月14日　撮影：林 嶢

まだ複線時代の錦糸町駅を通過する上りの「そと房号」。最後尾はキロ25格下げのキハ26400代で、キハ28との間の4両目にも組み込まれている。労働組合運動が激しかった時代、運転室の前面にはビラが多数貼付されている。旧口の転換座席は、向かい合わせに固定されていた。◎錦糸町　1969（昭和44）年1月　撮影：長谷川 明

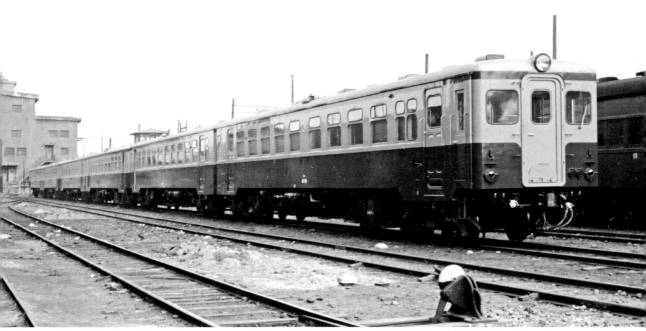

戦後試作を重ね比較検討の結果、キハ45000（キハ17）系の大量増備による気動車化の方針が決定された。房総地区は、奈良地区とともに気動車化のモデルとされ、全国初となる「奈良気動車区」に続き、西千葉に「千葉気動車区」が新設された。1954年５月15日から房総東・西線に３両編成の気動車による１時間ヘッド運転が始まったが、朝夕には蒸機けん引の長編成客車列車が運転された、写真は今の電留線の地平にあった客車区に初搬入されたキハ45000形。
◎錦糸町　1954（昭和29）年３月　撮影：長谷川 明

夏季輸送の最盛期、地平時代の新小岩〜小岩間を走る定期の「外房号」は、55系キハ26と58系キハ28系の混成9両編成に満員の乗客を乗せて、房総の海に向かう。まだ非冷房で窓を開けているのも懐かしい。
◎新小岩〜小岩　1966（昭和41）年7月　撮影：長谷川 明

両国発安房鴨川行きの房総東線急行「そとうみ3号」（両国10：04〜安房鴨川12：54）安房鴨川から館山まで普通列車になり、館山から急行「うちうみ3号」（館山13：47〜両国16：15）となって房総半島を一周した。先頭はキハ26、2〜4両目がキハ45。画面右は貨物ホーム。
◎錦糸町　1967（昭和42）年7月29日

高架化以前の市川～本八幡間を走る4連の「房総の休日号」。ヘッドマークは灯台の絵入りに代わっている。「房総の休日号」は、行楽期と夏季に運転されていた。今は住宅密集地となったこの場所も、この時代には線路の海側は一面の水田の間に工場が点在する未開発地だった。◎市川～本八幡　1955（昭和30）年4月　撮影：長谷川 明

国鉄時代には繁忙期に、増収策と車両不足のため、各線で通勤車両を使用した、いわゆる"遜色急行"が多数運転された。房総地区でも夏ダイヤ施行時に、113系冷房車と游休中のサロ113を使用した臨時急行が、外房線「みさき」、内房線「なぎさ」として運転された。このため召しあげられた房総地区ローカル用の一部には101系や72系が使用された。
◎市川　1973（昭和48）年8月　撮影：長谷川 明

1972年夏ダイヤから登場した113系快速列車は、東京駅から外房線に「白い砂」、内房線に「青い海」として、ヘッドマークを付けて多数運転され、特急・急行列車を補完して海水浴客を輸送した。
◎市川　1973（昭和48）年8月
撮影：長谷川 明

サロ113は、当初横須賀線に配置されたが、リクライニングシートの採用で、快適性は向上したが、定員の少ないことから同線を追われ、運用から外されていた。1973年の夏季輸送で運転された113系による臨時急行に組み込まれて、活躍の場を見出した。その後は関西地区に転属し、京阪神間の快速に使用された。◎市川　1973（昭和48）年8月　撮影：長谷川 明

京成本線をアンダークロスして快走する快速「白い砂号」。近郊型の冷房化はまだ進んでおらず、113系には冷房準備工事が施工されていたが、機器は未搭載で窓を開けて涼を取っていた。◎西船橋〜船橋　1974（昭和49）年8月　撮影：長谷川 明

郵便荷物気動車キユニ19形2両の荷物列車。電気式気動車の中間車キハ19を液体式の荷物車に改造しキニ16形となり、郵便室を設置してキユニ19形となった。◎西船橋　1972（昭和47）年7月2日　撮影：長谷川 明

中央線の115系の引退も間近となった2013年夏に、豊田区の6両固定のM40編成を使って、団体臨時列車リバイバル「白い砂」号が運転された。◎本八幡　2013（平成25）年7月6日　撮影：長谷川　明

165系の廃車が進む2002（平成14）年11月に、かっての活躍をしのんで、房総各線に臨時のリバイバル急行列車が運転された。新前橋区の165系3連2本を併結した、リバイバル「外房号」が船橋駅に進入する。先頭車はクハ165-151で、この1年後に廃車された。◎船橋　2002（平成14）年11月17日　撮影：長谷川　明

複々線化工事中の総武本線を行く安房鴨川行き急行「そと房」。先頭は冷房化されたキハ28だが、2両目は非冷房のキハ26。
先頭のキハ28は冷房電源がないため冷房が使用できずに窓が開いている。
◎津田沼　1972（昭和47）年7月2日　撮影：長谷川 明

房総一周電化完成に際して、新系列の特急型電車183系が製造され、新設の幕張電車区（現・幕張車両センター）に配置され
た。183系は、従来の181系から大幅なモデルチェンジが行われ、583系から引き継いだ貫通型を採用、それまでの「特別急行」
は食堂車組み込みという原則を破った、運転区間の短い特急だった。その後の「特急」の大衆化、「L特急」化の基礎となっ
たが、初採用の簡易リクライニングシートは不評だった。◎幕張電車区　1972（昭和47）年8月　撮影：長谷川 明

東京駅の総武本線快速の地下ホーム。京葉線開業前なので房総特急はこのホームから発着した。「L特急」花盛りの時代で、毎時00分が「わかしお」毎時30分が「さざなみ」毎時45分が「しおさい」または「あやめ」が原則のダイヤであった。
◎東京　1978（昭和57）年12月14日　撮影：長渡 朗

京葉線内を走るE257系特急「わかしお」。沿線の大半は埋め立て地で、今や高層ビルが立ち並ぶ未来都市のような幕張新都心や稲毛海岸の周辺なども、かつては東京湾の浅瀬であった。◎海浜幕張　2005（平成17）年11月5日　撮影：小川峯生

房総東線時代の時刻表（1955年）

30.3.16 訂補　（東京より）　千 葉—勝 浦—館 山（房総東線）　両国発1750汽車　（気動車）

粁程	駅名	12	211	213	215	217	219	221	223	225	227	229	231	233	235	237	239	241	243	245	247
39.7	千葉 発		445	545	642	744	845	945	1045	1145	1245	1345	1445	1545	1645	1720	1745	1844	1942	2045	2145
40.9	本千葉	東	449	549	649	750	850	949	1049	1152	1249	1349	1449	1549	1649	1725	1749	1849	1950	2049	2149
43.9	蘇我	両国間	456	556	657	757	856	956	1056	1157	1254	1354	1454	1554	1656	1731	1756	1858	1957	2059	2156
48.9	鎌取		レ	レ	レ	804	レ	1004	レ	1205	レ	レ	レ	レ	1601	レ	レ	1804	レ	レ	2204
52.7	誉田	510	610	709	810	908	1010	1110	1211	1306	1406	1506	1607	1709	1746	1810	1910	2011	2111	2210	
58.2	土気	3.1粁	517	617	716	818	915	1017	1117	1217	1314	1413	1513	1615	1717	1754	1817	1917	2018	2117	2217
62.9	大網 着	着	525	625	724	825	922	1025	1125	1225	1321	1421	1521	1622	1724	1802	1825	1926	2026	2125	2225
	大網 発	…	531	631	731	832	933	1031	1136	1231	1331	1431	1531	1631	1731	1807	1831	1934	2030	2131	2231
67.8	本納	…	537	637	737	838	939	1039	1141	1237	1337	1437	1537	1637	1737	1813	1839	1941	2036	2137	2237
74.4	茂原	…	547	647	747	847	947	1047	1149	1247	1347	1447	1547	1647	1752	1822	1847	1949	2047	2147	2244
79.0	八積	…	557	659	757	857	957	1057	1157	1257	1357	1457	1557	1657	1757	1828	1857	1957	2052	2157	
83.0	上総一ノ宮	…	603	705	803	903	1003	1103	1203	1303	1403	1503	1603	1702	1803	1833	1904	2004	2100	2203	…
86.3	東浪見	…	608	709	808	908	1008	1108	1208	1308	1408	1508	1608	1707	1808	1838	1909	2009	2104	2208	…
89.4	太東	…	613	714	813	913	1013	1113	1213	1313	1413	1513	1613	1711	1813	1843	1914	2015	2110	2213	…
92.1	長者	…	620	718	818	918	1020	1118	1218	1318	1418	1518	1618	1715	1818	1848	1918	2024	2115	2218	…
93.7	三門	…	623	721	821	921	1023	1121	1221	1321	1421	1521	1621	1718	1821	1851	1921	2027	2118	2221	…
97.3	大原 着	…	627	725	825	925	1025	1125	1225	1325	1425	1525	1625	1723	1825	1856	1925	2032	2123	2225	…
	大原 発		630	730	830	927	1030	1130	1230	1330	1431	1530	1630	1725	1830	1858	1927	2035	2130	2230	
100.6	浪花		635	735	835	932	1037	1135	1235	1335	1437	1535	1635	1729	1835	1905	1931	2040	2135	2235	
105.5	御宿		641	741	841	938	1043	1141	1241	1341	1541	1541	1641	1734	1841	1915	1938	2047	2141	2241	
111.0	勝浦 着		648	748	848	945	1050	1148	1248	1348	1451	1548	1648	1744	1848	1922	1945	2054	2148	2248	

粁程	駅名	14	16	18	20	22	24	26	28	30	32	34	36	38（汽車）	40	42	44	46	10
111.0	勝浦 発	602	702	802	900	1002	1102	1202	1302	1356	1455	1602	1702	1802	1902	2002	2102	2202	…	503
114.5	鵜原	607	707	807	905	1007	1107	1207	1307	1401	1501	1607	1707	1807	1907	2007	2107	2207	…	508
117.3	上総興津		712	812	910	1012	1112	1212	1312	1406	1506	1612	1712	1812	1912	2012	2112	2212	…	513
124.3	安房小湊	621	721	821	921	1021	1121	1221	1321	1416	1517	1621	1721	1821	1921	2021	2121	2221		524
127.8	安房天津	626	726	826	926	1026	1126	1226	1326	1426	1525	1626	1726	1826	1926	2026	2126	2226		529
133.3	安房鴨川	637	737	837	937	1037	1137	1237	1339	1437	1539	1637	1737	1837	1937	2037	2137	2233	440	537
136.7	太海		742	844	942	1042	1145	1242	1345	1442	1544	1642	1742	1842	1942	2042	2142		445	542
141.3	江見	649	749	851	949	1049	1152	1249	1351	1449	1551	1649	1749	1849	1949	2049	2149		452	549
145.9	和田浦	658	755	901	958	1059	1158	1258	1358	1458	1601	1658	1758	1858	1958	2058	2158		458	558
150.5	南三原	703	800	906	1003	1105	1203	1303	1403	1505	1606	1703	1803	1903	2003	2103	2203		504	603
154.1	千歳	708	805	911	1008	1110	1208	1308	1408	1510	1611	1708	1808	1908	2008	2108	2208		509	608
156.1	千倉	712	811	915	1012	1113	1212	1312	1412	1514	1615	1712	1812	1912	2012	2112	2212		512	612
161.0	九重	718	818	921	1018	1120	1218	1318	1418	1520	1621	1718	1818	1918	2018	2118	2218		519	618
166.8	館山 着	724	824	927	1024	1124	1224	1324	1424	1526	1627	1724	1824	1924	2024	2124	2224		526	624

1954（昭和29）年に房総東線及び房総西線は全面的にディーゼル化された。房総東線には通勤列車1往復だけが蒸気牽引列車で残った。大網ではスイッチバックのため、停車時間が長く、駅弁が売られていた。

30.3.16 訂補　大網・成東（東金線）気動車

粁程	駅名	661	613	649	615	617	619	621	623	625	627	629	631	633	635	637	651	639	641	643	645	647
0.0	大網 発	500	530	615	628	737	830	930	1030	1130	1230	1330	1430	1535	1630	1727	1805	1828	1934	2030	2130	2230
3.3	福俵	504	534	619	632	741	834	934	1034	1134	1234	1334	1434	1539	1634	1731	1809	1832	1938	2034	2134	2234
5.8	東金	508	538	623	636	745	838	938	1038	1140	1238	1338	1439	1543	1638	1735	1813	1836	1942	2038	2138	2238
9.6	求名		543		641	750	843	943	1045	1243	1343	1443	1548	1643	1740		1841	1947	2043	2143	2243	
13.8	成東 着			646	755	848	948	1048	1150	1348	1448	1553	1648		1846	1952	2048	2148	2248			

粁程	駅名	610	612	648	614	616	618	620	622	624	626	628	630	632	634	636	650	638	640	642	644	646
0.0	成東 発	…	…	…	704	802	902	1002	1102	1202	1302	1402	1502	1602	1702			1902	2002	2102	2202	2252
4.2	求名	…	547	…	709	707	907	1007	1107	1207	1307	1407	1507	1607	1707	1744		1907	2007	2107	2207	2257
8.0	東金	512	552	640	714	812	912	1012	1112	1212	1312	1412	1512	1612	1712	1749	1815	1912	2012	2116	2212	2302
11.5	福俵	516	556	644	718	816	916	1016	1116	1216	1316	1416	1516	1616	1716	1753	1819	1916	2016	2120	2216	2306
13.8	大網 着	520	600	648	722	820	920	1020	1120	1220	1320	1420	1520	1620	1720	1758		1920	2020	2124	2220	2310

東金線も外房線と同様に1954年から全面的にディーゼル化された。

30.3.16 訂補　大 原—上総中野（木原線）気動車

粁程	駅名	701	703	707	711	715	719	725	727	731	735	739	743	745	
0.0	大原 発	530	610	730	854	1010	1210	1410	1532	1650	1810	1930	2050	2130	…
5.3	上総東	539	619	739	903	1019	1219	1419	1541	1701	1819	1939	2059	2139	…
8.9	国吉	546	626	746	910	1026	1226	1426	1548	1706	1826	1946	2106	2146	…
12.0	上総中川	553	632	752	916	1032	1232	1432	1554	1712	1832	1952	2112	2152	…
15.9	大多喜	600	647	804	924	1044	1244	1444	1601	1721	1840	2004	2124	2200	…
19.7	大東元	606	654	811	931	1051	1251	1451	1607	1727	1846	2011	2131	2207	…
22.3	総元	612	700	817	937	1057	1257	1457	1613	1733	1852	2017	2137	2213	…
25.2	西畑	618	707	824	944	1104	1304	1504	1619	1739	1858	2024	2144	2220	…
26.9	上総中野 着	622	711	828	948	1108	1308	1508	1623	1743	1902	2028	2148	2224	…

1954年から木原線にレールバスキハ10000形（後のキハ01形）が投入され増発された。

2章
外房線

快速
房総の休日

千葉局に配置されたキハ45000系は、トンネルの多い房総地区で無煙化とスピードアップから、大好評で早速「快速成田号」、映画「ローマの休日」をもじった快速「房総の休日号」に起用。新宿発の長編成列車は、千葉で房総西線、房総東線、総武本線方面行きに分割され、上りは再度併結して新宿に戻る列車で、全国で多数登場した、多頭建て準急・急行のはしりだった。ヘッドマークは運転区間をイメージした。◎千葉 1954（昭和29）年4月 撮影：長谷川 明

千葉駅 ちば

【所在地】千葉市中央区新千葉1-1-1
【開業年】1894（明治27）年7月20日

【キロ程】0.0km（千葉起点）
【乗車人員】108,121人（2018年）
【ホーム】5面10線

外房線電化完成の祝賀看板がある千葉駅ビル。画面右に1970（昭和45）年に始まったDiscover Japan（美しい日本と私）キャンペーンをPRするDiscover Japan塔が見える。この塔は全国の主要駅および観光地の駅前に建てられた。
◎千葉　1972（昭和47）年7月　撮影：山田虎雄

「夏季ダイヤ」

　房総地区には、戦前から海水浴客が多数押し寄せ多数の臨時列車が運転されていた。戦後も生活が安定した高度成長期に入ると、当時の千葉鉄道管理局では、年末・年始の"成田山初詣輸送"と並んで、列車の大増発が行われる"夏季輸送"に追われた。1950（昭和25）年からは、特別な「夏ダイヤ」を組み、予備車をかき集めた両国発の蒸機けん引（C51、57などを借入）の客車列車のほか、新宿発で千葉まで電機（EF50、53、58）牽引の列車も運転された。気動車時代に入ると、手持ち車両のほか、例年秋に行われていた全国ダイヤ改正用の早期落成車まで集めて使用するという一大行事だった。始発駅の両国駅では、駅前広場まではみ出した列車待ちの乗客のため「よしず張り」のテント村まで出現した。

　1972（昭和47）年7月15日に、房総地区の鉄道は大きく変貌した。新設の東京地下駅と錦糸町を結ぶ新ルートの開通と、錦糸町〜津田沼間の複々線化・113系快速電車の運転開始、房総東線の電化が完成し、房総一周電化が実現した。同日から開始された「夏ダイヤ」では特急・急行・快速が大増発された。当時の房総地区は道路が未整備で、行楽客輸送はほとんど国鉄が担っていた。しかし、その後の道路整備に合わせて、自家用車・バス利用の増加、レジャーの多様化と海水浴の衰退等の理由で、利用客の減少が進み、「夏ダイヤ」は徐々に縮小されて、1998（平成10）年で廃止されてしまった。さらに近年では、「東京湾アクアライン」の値下げによる、高速バス発達の影響を受けて、定期の特急列車さえ削減に次ぐ削減で、平日の内房線特急では「さざなみ」の運転区間も短縮され、君津までの通勤特急と化してしまった。

　「初詣輸送・海水浴輸送」共に鉄道のシェアが落ち込んでしまった現在では、これらの「大輸送」は、まさに夢のような思い出となってしまった。（文・長谷川 明）

千葉駅を発車する房総東線（現・外房線）の下り急行「そと房」最後部はキハ28。千葉駅は1963（昭和38）年4月に現在の場所に移転し、房総方面へのスイッチバックを解消したが、房総方面ホームと銚子、成田方面ホームとの間に駅ビルがある特異な形態になった。背後には1967年に開店した千葉そごう（現・そごう千葉店）が見える。
◎千葉　1968（昭和43）年7月13日　撮影：荻原二郎

1972（昭和47）年7月15日に、外房線電化完成と東京地下駅開業、夏ダイヤと合わせた改正となった。千葉駅に到着した記念列車は新設の特急「わかしお1号」で、この日から「房総東線」は「外房線」に改称され、「房総西線」は「内房線」に、それぞれ改称された。◎千葉　1972（昭和47）年7月15日　撮影：長谷川 明

外房線の電化完成により、すでに電化されっていた内房線と合わせて、房総半島一周の電化が完成した。千葉局では新たに両国・新宿発の房総を一周する電車急行の運転を開始した。左回り（外房線→内房線）が「みさき」、右回り（内房線→外房線）が「なぎさ」と名付けられた。両方向各4往復が設定されたが、一周して千葉に戻ると車両の向きが逆になるので、同じルートを戻って1日に二周する運用が組まれていた。
◎千葉　1972（昭和47）年7月15日　撮影：長谷川 明

千葉駅4番線に停車中のＣ57129（新小岩機関区）牽引の千葉発館山行き房総西線の客車列車。右はキハ35先頭の房総東線安房鴨川行き。当時、千葉駅で架線が張られていたのは１、２番線（総武本線国電ホーム）だけでそれ以外のホームには架線がない。◎千葉　1967（昭和42）年７月　撮影：山田虎雄

千葉駅周辺（外房線がスイッチバックだった時代）

建設省地理調査所発行「1/25000地形図」（昭和27年修正測量）

外房線の海水浴臨時列車

　1998（平成10）年まで夏季の房総方面（内房線、外房線）は臨時ダイヤを組み、海水浴輸送の臨時列車を多数運転していた。市販の時刻表7月号、8月号には房総の夏ダイヤとして別刷りで掲載された。

　わが国に中産階級が出現した大正時代半ばから房総海岸や九十九里が避暑地、海水浴場として注目され、地元の漁師が自宅の一部を海水浴客に開放する今でいう民宿が出現した。昭和初期の1930（昭和5）年時点では両国～安房鴨川間および両国～安房北条（現・館山）間に不定期の快速列車が設定され、主として夏の海水浴シーズンに運転された。これらの列車は1940（昭和15）年夏まで運転された。

　戦後、世の中が落ち着いた1950（昭和25）年夏から海水浴臨時列車が運転された。夏の海水浴客は年々増え、1961（昭和36）年から夏の夏季輸送特別ダイヤを組むようになった。昭和30、40年代は一般家庭にエアコン（冷房）はなく、夏のレジャーの代表格は海水浴で、「涼」を求めて若者のグループや家族連れが海水浴に向かった。当時は自家用車（マイカー）も今ほど普及しておらず鉄道利用が中心であった。

　千葉の夏季輸送の特徴は全国からディーゼル車および客車を集めて臨時準急、臨時快速を運転したことである。筆者は小学2年生だった1961（昭和36）年7月下旬の平日、家族で房総東線（現・外房線）上総興津に海水浴にでかけたが、往きに両国から乗った臨時準急「清澄」（両国8：12～安房鴨川11：15）はキハ58系の新車でまさにピカピカだった。同年10月ダイヤ改正時に製造された車両を先行使用したものである。平日だったこともあり両国から家族で4人1ボックスを確保したが、途中千葉で向きが変わり、さらに大網で向きが変わったことに驚いた。土気付近の山越え区間で房総丘陵を一望する車窓は今でも印象に残っている。帰途は臨時準急「黒汐」（安房鴨川17：15～新宿20：30）で帰ったが、乗った車両はキハ20だった。秋葉原で降りたが、国電ホームにディーゼル車が止まることが珍しかった。

　1964（昭和39）年夏の時刻表では房総東線の臨時準急は「清澄」3往復だけである。房総西線（現・内房線）には臨時準急「白浜」が4往復あり、うち1往復は80系湘南形電車で中野～館山間に

運転され、千葉～館山間はＤＤ13形ディーゼル機関車が重連で電源車と80系電車を牽引した。他に、蒸気機関車牽引の客車快速「かもめ」も4往復運転されている。本数的にも西線の方が多かった。

　1968年夏の時刻表では西線は定期、臨時のディーゼル急行「うち房」、蒸気機関車牽引の客車快速「さざなみ」に加え、ＤＤ51牽引の客車急行も運転されているが、東線は定期、臨時のディーゼル急行「そと房」だけで客車快速は運転されていない。土気の急勾配や大網のスイッチバックがネックだったためだろう。

　1970年夏には東線にＤＤ51牽引の臨時客車急行「そと房」が千葉～勝浦間に2往復運転されたが客車は総武本線の普通列車を減車して捻出したオハ35が中心で急行らしくなかったが青色塗装だった。電化前年の1971年夏の時刻表では東線には定期、臨時のディーゼル急行「そと房」に加え、ＤＤ51牽引の客車快速「わかしお」が千葉～勝浦、鵜原間に2往復運転されている。前年不評だったため快速に格下げしたものである。

　1972（昭和47）年7月の外房線電化で夏季輸送は様変わりした。183系の特急「わかしお」は定期に加え臨時も運転され、113系1000番台（地下乗り入れ用）11両の快速「白い砂」が東京～勝浦、安房鴨川間に運転された。（内房線は「青い海」）「白い砂」は1972年夏には7往復運転され、東京～安房鴨川間2時間40分前後で特急との差は約30分であったが、残念ながら冷房車ではなく「冷房準備車」であった。

　1970年代も後半に入るとレジャーの多様化、家庭用エアコンの普及さらにマイカーの普及で鉄道利用の海水浴客も年々減少し、夏季臨時列車の運転も減少してゆく。成田空港燃料輸送列車に乗務員を取られ、臨時列車の運転要員を確保できないとの千葉局の内部事情も理由である。快速「白い砂」の運転は1989（平成元）年夏が最後で、その後は「ホリデー快速外房」として土休日を中心に運転された。1997（平成9）年夏および1998年夏は「ホリデー快速白い砂」（東京～安房鴨川間）として土休日に1往復運転されたが1998年夏で運転は終了し、房総名物の夏季ダイヤもこの年で終わった。

（文・山田 亮）

1963（昭和38）年4月28日に旧千葉機関区付近に移転した千葉駅。移転前の旧千葉駅は写真左側奥の総武本線沿い（現・東千葉駅付近）にあり、房総方面列車はスイッチバックして房総方面（写真右上）に向かった。写真中央に京成千葉線国鉄千葉駅前駅（現・京成千葉駅）がある。1958（昭和33）年2月までは京成千葉線は旧・千葉駅からの房総東線をオーバークロスし、京成千葉駅は写真左上の中心部（現在の千葉市中央公園）にあった。駅前には千葉そごうが開店している。◎1971（昭和46）年4月20日　提供：朝日新聞社

千葉駅が現在地に移転した直後の千葉市中心部の航空写真。写真中央の上部に千葉駅と千葉駅ビルが見える。右側に旧・千葉駅（現・東千葉駅付近）が見え、旧千葉駅からスイッチバックしていた房総東線の旧線跡が新設の大通りと交差している。京成千葉線は1958年2月まで市中心部まで延びていて、旧・京成千葉駅は中央下部の空地（現在の千葉市中央公園）にあった。◎1963（昭和38）年5月26日　提供：朝日新聞社

現在地に移転した頃の千葉駅。房
総東線と総武本線の間に千葉駅ビ
ルがある。写真左下は京成千葉線。
◎1963（昭和38）年4月26日
提供：朝日新聞社

本千葉駅

ほんちば
【所在地】千葉市中央区長洲1-30-1
【開業年】1896（明治29）年2月25日

【キロ程】1.4km（千葉起点）
【乗車人員】11,605人（2018年）
【ホーム】1面2線

本千葉駅は1896（明治29）年2月、房総鉄道により開業。開設時は寒川と称し、1902年1月に本千葉と改称。当時は現在の京成電鉄千葉線・千原線の千葉中央駅付近にあったが、1958年2月に現在地に移転した。千葉県庁など官庁街に近い。1986年5月に高架化工事が完了した。◎本千葉　1960（昭和35）年9月30日

ＪＲ東日本千葉支社では2009（平成21）年に113系電車の一部をリバイバルの湘南色で運行した。この時期209系への置き換えが決まっており、2011年9月で運用が終了した。◎本千葉　2010（平成22）年

蘇我駅

そが
【所在地】千葉市中央区今井2-50-2
【開業年】1896（明治29）年1月20日

【キロ程】3.8km（千葉起点）
【乗車人員】34,244人（2018年）
【ホーム】3面6線

蘇我を通過するキハ28 91が先頭の下り急行「そと房」。すでに房総西線（現、内房線）は電化されている。現在では蘇我駅の配線は変更され、京葉線の高架線が分岐している。◎蘇我　1971（昭和46）年5月15日　撮影：荻原二郎

鎌取駅

かまとり
【所在地】千葉市緑区鎌取町787-3
【開業年】1952（昭和27）年6月15日

【キロ程】8.8km（千葉起点）
【乗車人員】20,757人（2018年）
【ホーム】1面2線

2010（平成22）年7月から京葉線で運転開始されたE233系5000番台の10両貫通編成。東京〜上総一ノ宮・勝浦への直通電車に使用される。京葉線カラーのワインレッドの帯が入っている。◎鎌取

鎌取駅のこじんまりとした旧駅舎にも、祝賀の飾りが付けられた。快速電車の運転で、東京通勤圏となった。
◎鎌取　1972（昭和47）年7月9日　撮影：長谷川 明

誉田駅

ほんだ
【所在地】千葉市緑区誉田町2-24
【開業年】1896（明治29）年1月20日

【キロ程】12.6km（千葉起点）
【乗車人員】7,028人（2018年）
【ホーム】2面3線

房総地区の電化は、総武本線・成田線（千葉～成田1968年3月）、房総西線（→内房線　千葉～木更津1968年7月）が先行し、
房総東線は1972年7月と遅れ、気動車列車が残っていた。単線時代の誉田付近を走るキハ26・キハ28系混成の「そと房号」。
◎誉田　1972（昭和47）年7月9日　撮影：長谷川 明

房総地区の急行列車は、電化前には1エンジン搭載の平坦専用のキハ26、キハ28、一部はキハ20が使用されていた。夏季輸
送の"遜色急行"でキハ17系が使用されたのは有名である。10両近い長編成で西線・東線に、それぞれ多数が運転されていた。
道路整備と「東京湾アクアライン」開通・値下げによる、近年の特急列車の凋落ぶりは、目を覆うばかりである。
◎誉田　1972（昭和47）年7月9日　撮影：長谷川 明

誉田駅の駅前広場には、「電化完成」を祝う商店街のアーチが作られた。改築前の旧駅舎が見える。
◎誉田　1972（昭和47）年7月9日　撮影：長谷川 明

房総地区に配置されたキハ35のうち10両は、海沿いを走るという同線の事情を考慮して、塩害防止から外板にステンレスを使用したキハ35 900代が試作された。前面には幅広のオレンジ色警戒色帯が付けられた。後年は全面を首都圏色に塗装されて使用されていた。◎誉田　1972（昭和47）年7月9日　撮影：長谷川 明

誉田駅を通過するキハ28先頭のディーゼル急行「そと房」2両目にグリーン車キロ28を連結している。「そと房」は両国発着だが一部は新宿から直通し、秋葉原の国電ホームに停車した。編成中にキハ55系のキハ26が見える。写真右に腕木式信号機が見える。◎1971（昭和46）年6月25日　撮影：荻原二郎

京葉線から内房線、外房線に乗り入れる「快速」「通勤快速」に205系が投入された。当初はスカイブルーの103系で、後に同色の201系を使用。一部は東金線にも直通し（誉田で分割・併合）、早朝、夜間帯の線内運用にも充当された。
◎土気〜大網　2011（平成23）年　所蔵：フォト・パブリッシング

土気駅 とけ

【所在地】千葉市緑区土気町1727-1
【開業年】1896（明治29）年11月1日

【キロ程】18.1km（千葉起点）
【乗車人員】13,335人（2018年）
【ホーム】1面2線

房総丘陵を越える土気〜大網間の土気トンネル入り口付近を行く電気式ディーゼル車キハ44000形（後に液体式エンジンのキハユニ15に改造）。前面は当時流行していた正面2枚窓の湘南タイプである。この区間は1972（昭和47）年5月に新トンネルが開通し新線に切り替えられた。◎1955（昭和30）年2月24日

土気〜大網間の勾配区間を行く8620形蒸気機関車牽引の貨物列車。房総東線の貨物列車は土気〜大網間の急勾配を避けるため、原則として総武本線、成東、東金線経由だったが、区間貨物列車は短編成、補機なしで土気の急勾配を越えた。◎1955（昭和30）年2月24日　撮影：青木栄一

房総丘陵を越える「難所」土気～大網間の切り通しを行くＤＤ
51 673（佐倉機関区）牽引の臨時急行「そと房」、1970年夏には
房総東線（現・外房線）初の臨時客車急行がＤＤ51牽引で千葉～
勝浦間に２往復運転された。この区間は電化に伴い新トンネル
が建設されて複線化され1972年５月から新線に切り替えられた。
◎土気～大網　1970（昭和45）年８月16日　撮影：宇野 昭

211系3000番台（ロングシート車）5両編成の外房線から東金線へ直通する電車。外房線および内房線には2006（平成18）年10月から東北本線、高崎線から転入した211系の運行を開始し、2011（平成23）年9月まで運行された。211系は長野地区（中央東線、篠ノ井線）に転出した。◎土気〜大網　所蔵：フォト・パブリッシング

大網駅

おおあみ
【所在地】大網白里市南玉21-7
【開業年】1896（明治29）年1月20日

【キロ程】22.9km（千葉起点）
【乗車人員】10,319人（2018年）
【ホーム】2面2線

キハ26を先頭にした臨時ディーゼル急行「そと房」3両目はキハ45で種々の車両を総動員している。当時は急行の冷房化は進んでおらず、窓を開けて風を入れ、車内は扇風機が回る蒸し暑い旅であった。◎大網～永田 1970（昭和45）年8月16日　撮影：宇野 昭

非冷房のキハ28形6両編成の房総東線急行「そと房」。窓からはディーゼルの排気が混じった風が入ってきたが、蒸気機関車（SL）の煙よりはるかに快適だった。◎大網～永田　1969（昭和44）年9月14日　撮影：宇野 昭

今は高架駅となっている東金線との分岐駅である大網駅は、以前は地平のスイッチバック駅だった。千葉駅が現在の場所に移る前には、房総東線の列車は千葉で1回目、大網で2回目のスイッチバックを行って運転されていた。
◎大網　1972（昭和47）年4月23日　撮影：長谷川 明

大網で機関車の向きを変えた茂原行きの貨物列車。大網はスイッチバック駅で房総東線列車はここで向きが変わるが、東金線から房総東線への列車はそのまま直進する。この貨物列車は大網で機関車の向きを変え、逆行牽引で茂原へ向かう。
◎大網　1969（昭和44）年9月14日　撮影：宇野 昭

大網駅の転車台で転向する38671（佐倉機関区）、佐倉から総武本線、東金線を経由し茂原への貨物列車は大網で機関車の向きを変え、茂原まで逆行で牽引する。◎大網　1969（昭和44）年9月14日　撮影：宇野 昭

下りディーゼル急行「そと房」安房鴨川行き。最後部はキハ28だが編成中にキハ45も入っている。
◎大網〜永田　1970（昭和45）年8月16日　撮影：宇野 昭

1970（昭和45）年の夏季海水浴輸送で登場したＤＤ51 673（佐倉機関区）牽引の臨時急行「そと房」、1969〜70年に千葉地区にＤＤ51、ＤＥ10が大量に投入され無煙化された。1970年夏の海水浴輸送ではＤＤ51牽引の臨時客車急行「そと房」が千葉〜勝浦間に2往復運転された。客車は総武本線から捻出されたオハ35が中心で青色塗装であるが、急行らしくないと不評で翌1971年夏の運転時は客車快速「わかしお」として運転された。
◎大網〜永田　1970（昭和45）年8月16日　撮影：宇野 昭

1970（昭和45）年夏に運転されたＤＤ51牽引の臨時客車急行「そと房」の客車。夏休み中で通学の高校生が少なくなるため総武本線の客車列車編成から1両ずつ捻出して1編成7両を組成した。オハ35中心で青色に塗って運行されたが車内は木造のままで急行らしくないと不評で、翌1971年夏の運転時は客車快速「わかしお」として運行された。
◎大網〜永田　1970（昭和45）年8月16日　撮影：宇野 昭

高架化された大網駅ホーム。1972（昭和47）年7月15日の外房線電化に先立ち、同年5月27日から大網駅は高架新駅に移転しスイッチバックは廃止された。東金線ホームは少し離れて設置された。◎大網　撮影：山田虎雄

大網～永田間の旧線を行くキハ45＋キハ36の普通列車。画面左側に新線が建設された。この旧線は大網駅移転後も東金線と外房線を結ぶ貨車直通線として存置され1996年3月まで使用された。
◎大網～永田　1971（昭和46）年6月25日　撮影：荻原二郎

大網で向きを変える黄色に赤帯の入った国鉄準急色の新宿発安房鴨川行きディーゼル準急「第1房総（外房）」（新宿7：00～安房鴨川10：08）。先頭はキハ55系の1エンジン車キハ26形200番台（窓がバス窓ではなく一段上昇窓）。千葉から到着した列車は大網で向きを変え、安房鴨川方向（写真左側）へ向かう。中線にキハ10系の東金線列車が待機している。
◎大網　1960（昭和35）年10月23日　撮影：伊藤威信

永田駅

ながた
【所在地】大網白里市永田1835
【開業年】1959（昭和34）年3月20日

【キロ程】25.3km（千葉起点）
【乗車人員】1,027人（2018年）
【ホーム】2面2線

E331系電車の試運転。E331系は2006（平成18）年に1編成だけ登場したJRでは極めて珍しい連接車である。14両（16台車）で編成を分割できるように7両（8台車）を2本つなげていた。当初から試作的要素が強く、2008年から京葉線で営業についたが、運転される土休日には多くのファンが乗車、撮影していた。特殊構造（JRには連接車の経験がない）のため故障も多かったとされ、2011（平成23）年に営業から引退し2014（平成26）年に廃車された。
◎永田　2006（平成18）年3月27日　撮影：宇野 昭

本納駅

ほんのう
【所在地】茂原市本納1791
【開業年】1897（明治30）年4月17日

【キロ程】27.7km（千葉起点）
【乗車人員】1,640人（2018年）
【ホーム】2面3線

キハ45を先頭にした4両編成のディーゼル普通列車。先頭からキハ45－35－45－35。キハ45は1966（昭和41）年に登場した両開きに2ドア、セミクロスシートの「近郊形」ディーゼル車。クロスシート部分が多く長時間乗車にも対応し、夏の海水浴輸送時には臨時急行にも使用された。◎本納　1971（昭和46）年7月1日　撮影：荻原二郎

新茂原駅

しんもばら
【所在地】茂原市長尾2667
【開業年】1955（昭和30）年9月15日

【キロ程】31,4km（千葉起点）
【乗車人員】1,233人（2018年）
【ホーム】1面2線

新茂原駅は1955（昭和30）年9月に開業。1986（昭和61）年に本納〜新茂原間に新茂原貨物駅が開設され三井東圧化学への専用線が分岐したが、1996（平成8）年に廃止された。貨物ホームは今でも残っている。

茂原駅

もばら
【所在地】茂原市町保1
【開業年】1897（明治30）年4月17日

【キロ程】34.3km（千葉起点）
【乗車人員】11,272人（2018年）
【ホーム】2面4線

ＤＥ10 124（佐倉機関区）が牽引する房総東線の貨物列車。外房、内房、総武、成田線の蒸気機関車（Ｃ57、Ｃ58）は1969〜70（昭和44〜45）年にディーゼル機関車（ＤＤ51、ＤＥ10）に一斉に置き換えられた。現在は茂原駅の前後は高架化されている。◎茂原　1971（昭和46）年7月1日　撮影：荻原二郎

木造駅舎時代の茂原駅。毎年７月に行われる茂原たな
ばた祭り（現在は７月下旬に開催）の飾りつけがあり、
駅前には学校帰りの女子高校生が集まっている。茂原
駅は1986（昭和61）年10月に高架化された。
◎茂原　1971（昭和46）年７月１日　撮影：荻原二郎

高架化される前の茂原駅木造駅舎。駅前の東洋交通バスは現在タクシー会社として存続している。千葉県八千代市を中心に運行される東洋バスとは関係がない。◎茂原　1970年代前半　撮影：山田虎雄

茂原駅に到着した165系による房総循環急行「なぎさ」（内房線→外房線）。1972（昭和47）年7月の特急「わかしお」「さざなみ」
登場後も急行は房総半島を一周する循環急行として残ったが、特急しか利用できない時間帯もあり、「実質的な値上げ」と言
われた。◎茂原　撮影：山田虎雄

上総一ノ宮駅

かずさいちのみや
【所在地】長生郡一宮町一宮2640-2
【開業年】1897（明治30）年4月17日

【キロ程】43.0km（千葉起点）
【乗車人員】3,016人（2018年）
【ホーム】2面3線

木造モルタル建築の上総一ノ宮駅。現在でもこの駅舎は現役である。非電化のディーゼル車時代から上総一ノ宮折返しの列
車があったが、1972（昭和47）年7月の総武本線複々線化、外房線電化時に東京地下駅から上総一ノ宮までの快速電車が登
場し注目された。駅には「汽車通学」の男女高校生が駅に集まっているが、彼等、彼女等は今では還暦をとうに過ぎている。
◎上総一ノ宮　1971（昭和46）年7月1日　撮影：荻原二郎

八積駅

やつみ
【所在地】長生郡長生村岩沼822
【開業年】1898（明治31）年3月25日

【キロ程】38.9km（千葉起点）
【乗車人員】737人
【ホーム】2面2線

快走する255系電車は183系に代わる房総方面の特急として1993（平成5）年に登場した。 JR東日本の特急形電車で初めて
VVVFインバーター制御を採用し、前面は独特な曲面デザインの非貫通式である。
◎上総一ノ宮〜八積　2000（平成12）年7月28日　撮影：安田就視

東浪見駅

とらみ
【所在地】長生郡一宮町東浪見
【開業年】1925（大正14）年12月15日

【キロ程】46.2km（千葉起点）
【乗車人員】81人（2006年）
【ホーム】2面2線

東浪見駅で列車交換する113系。上総一ノ宮〜東浪見間は今でも単線である。◎東浪見　撮影：山田虎雄

外房線電化後、普通電車は旧型72系が113系とともに運行された。先頭はクモハ73（旧モハ63）で「千葉」と大書きされた前面行先表示（前サボ）がある。72系普通電車は2時間以上走る列車にもかかわらずロングシートで便所もなく乗客からの苦情も多かった。◎上総一ノ宮　撮影：山田虎雄

総武本線（東京〜銚子）、内房線、外房線、東金線、成田線（佐倉〜松岸・成田〜成田空港・成田〜我孫子）、鹿島線（香取〜鹿島神宮）各線で千葉県内（一部茨城県）の広範囲で活躍した113系電車。
◎東浪見　2008（平成20）年8月14日　撮影：太田正行

太東駅

たいとう
【所在地】いすみ市岬町椎木304-3
【開業年】1899（明治32）年12月13日

【キロ程】49.3km（千葉起点）
【乗車人員】488人（2018年）
【ホーム】2面3線

キハ17を先頭にしたキハ10系4両編成の普通列車。1954（昭和29）年に房総東西線はディーゼル化モデル地区とされ、同年10月からキハ10系（キハ17など）が大量に投入された。キハ10系はいわゆるバス窓で、クロスシートだが車体断面が小さく、座席もビニール張りで通路側にひじ掛けもなく貧弱な車内で不評だった。◎太東　1960（昭和35）年10月2日　撮影：荻原二郎

長者町駅

ちょうじゃまち
【所在地】いすみ市岬町長者81
【開業年】1899（明治32）年12月13日

【キロ程】52.1km（千葉起点）
【乗車人員】341人（2018年）
【ホーム】2面2線

木造駅舎の長者町駅。この駅舎は現在でも変わっていない。房総東線、房総西線には温暖な地であることからひさしが張り出した開放的な造りの木造駅舎が多く、その多くは今でも使われている。長者町の名は、江戸時代にこの一帯の開発を許可した領主、阿部播磨守の下屋敷があった江戸下谷長者町の名をとったもの。横浜市営地下鉄ブルーラインの伊勢佐木長者町駅と混同されることはほとんどない。◎長者町　1971（昭和46）7月1日　撮影：荻原二郎

三門駅

みかど
【所在地】いすみ市日在2425
【開業年】1903（明治36）年8月16日

【キロ程】53.7km（千葉起点）
【乗車人員】123人（2006年）
【ホーム】1面1線

房総各線の209系2000番台・2100番台は京浜東北・根岸線から転じたグループで、トイレが設置された。先頭車はクロスシートを備えている。南武線で運用された209系2200番台はサイクルトレインの「Ｂ.Ｂ.ＢＡＳＥ」となった。◎三門

大原駅

おおはら
【所在地】いすみ市大原8701
【開業年】1899（明治32）年12月13日
【キロ程】57.2km（千葉起点）
【乗車人員】1,542人（2018年）
【ホーム】2面3線

大原を発車するＣ58 150（佐倉機関区）牽引の上り貨物列車。画面左には木原線の機械式キハ07形が待機している。
◎大原　1963（昭和38）年７月20日　撮影：宇野 昭

C57 160（新小岩機関区）が牽引する房総東線の客車列車。当時、房総東線の定期客車列車は１往復（221列車、両国17:40→勝浦20:43、222列車、勝浦4:00→両国6:59）。上り列車は大原発4:20のため夏でも撮影は困難であり、臨時列車と思われる。
◎大原　1963（昭和38）年７月20日　撮影：宇野　昭

房総東線を行くキハ36－キハ18－キハ35の普通列車。1962年から
千葉気動車区にロングシート通勤形キハ35系が配置された。2両目
のキハ18はキハ10系の中間車（運転台なし）であるが、キハ35と連
結した場合は車体断面の違いから凹凸編成となった。
◎大原～三門　1965（昭和40）年2月7日　撮影：荻原二郎

大原駅の木造駅舎。現在でも使用されている。改札口の向こう側には木原線のキハ07が停車中。大原は1972（昭和47）年7月の外房線電化時に東京発の快速電車の一部が大原発着となった。◎大原　1961（昭和36）年3月19日　撮影：荻原二郎

Ｃ58157（佐倉機関区）が牽引する上り貨物列車。写真右は大原駅で交換した下りディーゼル急行が停車している。房総東線の貨物列車は土気～大網間の25‰急勾配および大網でのスイッチバックに伴う機関車付替えを避けるため、千葉～大網間は総武本線、東金線を経由した。◎大原　1965（昭和40）年2月7日　撮影：荻原二郎

キハ28を先頭にした上り準急外房（安房鴨川〜新宿）と木原線のキハ07形。準急は「内房」として新宿を発車し、房総西線経由で館山を回り、安房鴨川で「外房」と名を変えて房総東線へ直通し千葉経由で新宿へ戻った。当時の木原線は戦前製のキハ07形が運行された。◎1965（昭和40）年2月7日　撮影：荻原二郎

鉄道の開通と「理想郷」開発

　大正2（1913）年に国鉄房総線の大原・勝浦間が開通した。これによって勝浦から終点の両国橋までは約4時間で結ばれた。内房方面からは大正13年7月に太海まで開通し、大正14年7月11日に安房鴨川まで開通した。勝浦・安房鴨川間は大正13年3月に測量が終了し、土地買収も同年10月下旬にはほぼ終了した。しかし、勝浦から南は地盤が複雑で工事が難航し、ようやく昭和2（1927）年4月に上総興津まで開通した。さらに上総興津から安房鴨川まではその2年後の昭和4年4月15日に開通した。

　乗車客数は大正11年にやや減少したものの駅開設以来順調に増え、大正12年には大正4年の倍以上となった。貨物の発送は大正8年に前年より5割増しに増えた後は伸び悩んだ。このことは旅客と貨物の取扱額に表れ、旅客の売上は大正4年と大正12年を比べると4倍以上に伸びているが、貨物の発送額は同じ期間に2倍にしか伸びなかった。このように、乗客数の伸びに比べて貨物の伸びが緩やかなのは、貨物の4割は魚などの海産物であり、送る量そのものが増えなかったことと、生鮮品など急ぐものは鉄道がよいが、急ぐことなくたくさんの貨物を送る場合は、比較的安価な船便でも十分であったためである。

木造駅舎の大原駅、駅前の都バスは現在は東京千代田
区および茂原市で都自動車としてハイヤー、タクシー
事業を行っている。かつては千葉県茂原、大多喜で乗
り合いバスを運行していた。◎大原　撮影：山田虎雄

国鉄準急色のキハ26を最後部にした上り臨時準急「黒潮」、1等車キロ28とキハ28が編成に入っている。国鉄準急色は1960年代前半に順次キハ58系と同様の急行色に塗り替えられた。
◎大原　1963（昭和38）年7月20日　撮影：宇野　昭

キハ20系主体の下り臨時準急「黒潮」、先頭と2両目は片運転台のキハ25。3両目にはキハ10系の中間車キハ18が連結される。当時、房総東線の定期準急は「外房」だったが、夏季の臨時準急は「黒潮」「清澄」であった。1963年10月から登場した全車指定席準急はキハ58系で「くろしお」と称した。「くろしお」は紀勢本線の週末客車準急、「黒潮」は四国の土讃線ディーゼル急行としても運転された。手前の線路は木原線。◎大原　1963（昭和38）年7月20日　撮影：宇野 昭

キハ28先頭の上り臨時準急「黒潮」2両目にはキハ26（キハ55の1エンジン車）、国鉄準急色のキハ26も編成中間に入っている。当時「黒潮」は房総東線臨時準急のほか、四国の土讃線（当時は土讃本線）高松〜須崎間のディーゼル急行で、「くろしお」は紀勢本線天王寺〜白浜間の週末客車準急だった。◎大原　1963（昭和38）年7月20日　撮影：宇野 昭

浪花駅
なみはな
【所在地】いすみ市小沢1456
【開業年】1913（大正2）年6月20日

【キロ程】60.5km（千葉起点）
【乗車人員】96人
【ホーム】1面2線

1913（大正2）年の大原〜勝浦間開通時に開設された浪花駅。現在は無人化され簡素な駅舎に建てかえられた。

御宿駅

おんじゅく

【所在地】夷隅郡御宿町須賀195
【開業年】1913（大正2）年6月20日
【キロ程】65.4km（千葉起点）
【乗車人員】564人（2018年）
【ホーム】1面2線

童謡「月の砂漠」で知られる御宿に到着するキユニ11形を先頭にした上り千葉行き普通列車。先頭のキユニ11は両運転台キハ11を改造した両運転台の郵便荷物車。2両目はキハ45、3両目はステンレス車体のキハ35 900番台。翌年の電化に備え、架線柱が建っている。
◎御宿　1971（昭和46）年7月1日
撮影：荻原二郎

御宿で交換する房総東線の普通列車。画面右は1963（昭和38）年登場のステンレス車体キハ35 900番台を先頭にした上り千葉行き。左は安房鴨川経由千葉行きでいずれもキハ35とキハ10系（キハ17、18）の混成である。御宿は童謡「月の砂漠」の舞台になった砂浜で知られる。◎御宿　1971（昭和46）7月1日　撮影：荻原二郎

1913（大正2）年に開設した御宿駅。駅舎は改装され、現在は全特急が停車する。業務委託駅で昼間は駅員が常駐している。

御宿駅の木造駅舎。閑散としているが出札口（切符売り場）、赤い郵便ポスト、鉄道弘済会（ＫＩＯＳＫ）の売店と1960～70年代の国鉄駅の基本アイテムがそろっている。自動販売機は急行券200円区間（101km～200km）で御宿から両国、秋葉原、新宿までが100kmを越え200円だった。特別仕立てグリーン車で行く紅葉の十和田湖、男鹿半島、中尊寺の旅（4泊5日）団体旅行の看板や「悪書追放箱」もある。この駅舎は今では改装されているが、屋根などに面影がある。
◎御宿　1971（昭和46）年7月1日　撮影：荻原二郎

勝浦駅

かつうら

【所在地】勝浦市墨名254
【開業年】1913（大正2）年6月20日

【キロ程】70.9km（千葉起点）
【乗車人員】1,071人（2018年）
【ホーム】2面3線

ステンレス車体のキハ35 900番台を先頭にした千葉行きの上り普通列車。2両目がキハ45、3両目と4両目がロングシートのキハ35。房総のディーゼル普通列車は種々の形式が「手当たり次第」連結されている感があった。画面右奥には勝浦機関区が見える。◎勝浦　1971（昭和46）年7月10日　撮影：荻原二郎

暖かい房総半島には、春を求めて各地から臨時列車やイベント列車がやってきた。この日は「マザーグーストレイン」と「パノラマエクスプレス　アルプス」が運転された。勝浦駅で並んだ「マザーグーストレイン」を牽引のＤＥ10と183系「わかしお号」。◎勝浦　1988（昭和63）年2月14日　撮影：長谷川 明

ＤＥ10 1665（田端機関区）が牽引するＭＧ（マザーグース）トレイン。客車はスハフ12とマニ50（2両）。ＭＧトレインは1987（昭和62）年4月、ＪＲ東日本発足時に長野に登場し、篠ノ井線、小海線で売店列車として運行され、タオル、コーヒーカップなどマザーグースのキャラクター商品がマニ50の車内店舗で販売された。荷物車の側面にマザーグース（英米の伝承童謡の総称）が描かれている。◎1988（昭和63）年2月14日　撮影：宇野 昭

「マザーグーストレイン」は、ＪＲ東日本と長野市のファンシー雑貨店「クリエイティブヨーコ」との共同によるファンシーグッズの売店車で、車両はオハフ12とマニ50の改造車で外装は「サンリオ」のデザイン。小海線でＤＥ16牽引で運転されていた。この列車が1988（昭和63）年2月に房総にやってきた。木更津⇒館山⇒勝浦⇒館山⇒木更津と運行した9121レ⇒9222レ⇒9221レ⇒9122レで、運転日は、2月11日〜14日、19〜21日だった。
◎勝浦　1988（昭和63）年2月14日　撮影：長谷川 明

木造駅舎時代の勝浦駅。1982（昭和57）年に橋上駅となった。画面左方に日東交通バスの乗り場がある。駅舎の柱には四国や九州への旅行を誘う看板が取り付けてある。
◎勝浦　1972年8月頃　撮影：山田虎雄

勝浦に到着したキハ26先頭の準急「第1房総 (外房)」(新宿7：00〜安房鴨川10：08) この列車は安房鴨川から房総西線 (現・内房線) に直通し「第1房総 (内房)」として房総半島を一周して新宿へ向かった。勝浦には木造駅舎があり跨線橋があったが、1982年7月に橋上化された。
◎勝浦　1961 (昭和36) 年3月19日　撮影：荻原二郎

勝浦機関区で構内入換中のステンレス車体のキハ35
900番台とキハ17の2両編成。勝浦には勝浦機関区が
あり、ディーゼル車の配置があった。◎勝浦　1963（昭
和38）年12月1日　撮影：小川峯生

勝浦機関区大原支区に留置されたキハ01
形レールバスの廃車体。レールバスはバ
スに準じた軽量車体で製造後10年を経ず
して廃車された。◎1963（昭和38）年12
月1日　撮影：小川峯生

『勝浦市史』に登場する外房線

東京湾汽船外房航路

　大正2（1913）年ころ、東京湾汽船会社の東京・勝浦間の外房航路は、東京の霊岸島を発して、鴨川・天津・小湊・興津・松部を経て勝浦に到着した。船3隻が1日2往復していた。明治44（1911）年に年間8000人近くを勝浦に輸送した外房航路も、鉄道網の整備とともに年々減少した。特に鮮魚の輸送は専ら鉄道輸送となったため、大正6年5月に勝浦への航路は停止され、松部までの航路となった。しかしやがてこれも停止し、東京湾汽船の航路は内房の航路のみとなった。やがて東京湾汽船は鉄道に押されて房総の定期航路から撤退し、伊豆諸島に運航の主力を移して、名称を東海汽船とした。

鉄道の開通と「理想郷」開発

　大正2（1913）年に国鉄房総線の大原・勝浦間が開通した。これによって勝浦から終点の両国橋までは約4時間で結ばれた。内房方面からは大正13年7月に太海まで開通し、大正14年7月11日に安房鴨川まで開通した。勝浦・安房鴨川間は大正13年3月に測量が終了し、土地買収も同年10月下旬にはほぼ終了した。しかし、勝浦から南は地盤が複雑で工事が難航し、ようやく昭和2（1927）年4月に上総興津まで開通した。さらに上総興津から安房鴨川まではその2年後の昭和4年4月15日に開通した。

　図（省略）は勝浦駅での乗車客数と発送取扱貨物量の推移を示したものである。乗車客数は大正11年にやや減少したものの駅開設以来順調に増え、大正12年には大正4年の倍以上となった。貨物の発送は大正8年に前年より5割増しに増えた後は伸び悩んだ。このことは旅客と貨物の取扱額に表れ、旅客の売上は大正4年と大正12年を比べると4倍以上に伸びているが、貨物の発送額は同じ期間に2倍にしか伸びなかった。このように、乗客数の伸びに比べて貨物の伸びが緩やかなのは、貨物の4割は魚などの海産物であり、送る量そのものが増えなかったことと、生鮮品など急ぐものは鉄道がよいが、急ぐことなくたくさんの貨物を送る場合は、比較的安価な船便でも十分であったためである。

勝浦駅留置線に停車する木原線のキハ17－キハ30の2両編成。1970年代後半から国鉄一般形ディーゼル車の塗装は赤色（赤5号）となり「タラコ色」とも呼ばれた。外房線電化で勝浦機関区が廃止され、木原線車両は佐倉機関区木更津支区（JR移行後は幕張電車区木更津支区）で定期検査等を行った。◎勝浦　1979（昭和54）年4月15日　撮影：宇野 昭

外房線に乗入れた12系改造のお座敷客車「江戸」、編成の両端は展望サロンになっている。1986（昭和61）年に登場し、
2000（平成12）年に引退。外房線内はディーゼル機関車（ＤＤ51またはＤＥ10）が牽引した。
◎勝浦　1988（昭和63）年２月14日　撮影：宇野 昭

前面展望室のあるパノラマエクスプレスアルプス（通称ＰＥＡ）による団体臨時電車。パノラマエクスプレスアルプスは165
系の改造で1987（昭和62）年に登場した。◎勝浦　1988（昭和63）年２月14日　撮影：宇野 昭

現在の長者町駅。昭和戦前、戦後の姿が残る貴重な駅舎である。上総一ノ宮までと東浪見～長者町間が複線で、長者町から御宿間が単線、御宿～勝浦間が複線となる。◎長者町　2019（令和元）年12月　撮影：山田 亮

現在の大原駅。木造駅舎であるが、屋根や外装はブルー系統の色に改装されている。向かって左側にいすみ鉄道の駅舎が増築され、国鉄形ディーゼル車を模した自動販売機がある。◎大原　2019（令和元）年12月　撮影：山田 亮

現在の上総興津駅。ひさしの張り出した開放的な駅舎がそのままであるが、屋根や外装がブルー系統に改装されている。反対ホームへの跨線橋が見える。海岸まで徒歩数分である。◎上総興津　2019（令和元）年12月　撮影：山田 亮

勝浦に到着するＥ257系500番台の特急わかしお。「わかしお」は３往復が255系９両でそれ以外はＥ257系500番台の５両または10両である。背後のリゾートマンションはサンフラワー勝浦。◎勝浦　2019（令和元）年12月　撮影：山田 亮

橋上駅となった現在の勝浦駅。画面左にかつて活躍したＣ58形蒸気機関車の動輪が保存されている。◎勝浦　2019（令和元）年12月　撮影：山田 亮

現在の安房鴨川駅。木造駅舎のままであるが前面は南欧風に改装されている。向かって右側に駅西口との自由通路がある。画面左（西口）にはイオン鴨川店がある。◎安房鴨川　2019（令和元）年12月　撮影：山田 亮

鵜原駅

うばら

【所在地】勝浦市鵜原1664
【開業年】1927（昭和2）年4月1日

【キロ程】74.5km（千葉起点）
【乗車人員】84人（2015年）
【ホーム】1面2線

上総興津〜鵜原間を走る列車にはまだ木造のナハ22000が組み込まれている。房総地区には多数の木造車が残り、安全上問題視されていた。戦後の占領軍の意向で客車の新造が禁止され、やむなく木造車の鋼体化改造によるオハ60・61系が登場した。機関車の配置は、昭和初期の主力だった8620に加え、戦時中から製造されたＣ58が配置され、戦後にはＣ57が転入した。
◎上総興津〜鵜原　1954（昭和29）年8月　撮影：長谷川 明

鵜原駅の木造駅舎。当時はホーム片側1面だったが現在では簡素な駅舎に建て替えられ、ホームは島式ホームになり列車交換が可能になっている。画面右側には鵜原理想郷の看板がある。鵜原理想郷は大正時代に別荘地として計画されたが関東大震災とその後の不況で立ち消えになった。太平洋を望む景勝地でハイキングコースがある。
◎鵜原　1971（昭和46）年7月10日　撮影：荻原二郎

山あいに位置する鵜原駅に到着した勝浦まわり安房鴨川行き普通列車。先頭はロングシートのキハ35で2・3両目にキハ55系のキハ26が連結されている。鵜原は当時ホーム片側1面で列車交換不能だった。翌年の電化を控え電化ポールが建っている。◎鵜原　1971（昭和46）年7月10日　撮影：荻原二郎

上総興津駅

かずさおきつ
【所在地】勝浦市興津307-6
【開業年】1927（昭和2）年4月1日

【キロ程】77.2km（千葉起点）
【乗車人員】188人（2018年）
【ホーム】2面2線

上総興津駅で交換する。165系急行「外房号」と、113系ローカル列車。この地域の各駅は、水のきれいな外房海水浴場の下車駅が続き、夏のシーズンには海水浴客でにぎわった。◎上総興津　1982（昭和57）年8月9日　撮影：長谷川 明

1971（昭和46）年夏の上総興津駅。当時は房総東線と称し、翌
1972年7月の電化時に外房線と改称された。海水浴場を控え
アロハシャツや短パン姿の海水浴客がたむろし、当時の若者
ファッションが伺える。この木造駅舎は今でも現役である。
◎上総興津　1971（昭和46）年7月10日　撮影：荻原二郎

ディーゼル王国だった房総地区も電車特急が投入された。簡易リクライニングシートが装備された「わかしお」は行楽客・ビジネス客で高い乗車率を誇った。
◎上総興津　1986（昭和61）年１月　撮影：山田 亮

架線柱が建ち始めた上総興津に到着した安房鴨川行きディーゼル急行「そと房」。上総興津は海水浴場があり、急行も停車した。1971（昭和46）年7月1日、房総西線安房鴨川までの電化完成で、両国〜安房鴨川間は房総西線経由の方が距離が長いにもかかわらず、急行で2時間40分前後で、房総東線経由の2時間50分前後より10分程度速くなった。◎1971（昭和46）年7月10日　撮影：荻原二郎

上総興津に到着した房総循環急行「みさき」（外房線→内房線）。房総循環急行「なぎさ」「みさき」は、館山〜勝浦間が普通列車で各駅に停車した。写真左側には線路を支える砂利（バラスト）を輸送する土運車リム300形が停まっている。◎上総興津　撮影：山田虎雄

行川アイランド駅

なめがわあいらんど
【所在地】勝浦市浜行川
【開業年】1970（昭和45）年7月2日

【キロ程】80.5km（千葉起点）
【乗車人員】19人（2006年）
【ホーム】1面1線

復路の「思い出の房総号」が、行川アイランド駅に到着した。ホームには多数に乗客が待っている。かっての「行川アイランド」は、フラミンゴの行進などで人気の遊園地だったが、2001（平成13）年に閉演された。周囲に人家の無いこの駅は利用客も少なく、今では"房総の秘境駅"として有名である。行川アイランド　1979（昭和54）年4月15日　撮影：長谷川 明

レジャー施設「行川アイランド」の最寄り駅である行川アイランド駅は、ホーム片側一面だったが特急も停車した。現在は無人化され、1日の乗車人員は十数人程度である。駅前には行川アイランドへの閉鎖されたトンネルがあり秘境ムードが漂う。
◎行川アイランド　撮影：山田虎雄

房総線全通50周年記念に運転され
た団体臨時列車である。団体の参
加者には、目印を兼ねてイベント
ごとに作られた布製の特製ワッペ
ンが配布されたことから「ワッペ
ン列車」と名付けられた。
◎安房小湊　1979（昭和54）年 4
月15日　撮影：長谷川 明

動植物園を中心にしたレジャー施設行川アイランドは1964（昭和39）年開設でフラミンゴショーが有名だったが、2001（平
成13）年 8 月に閉園となった。行川アイランド駅は1970（昭和45）年 7 月に開設され、閉園後は無人化された。園内で飼わ
れていたシカ科の「キョン」は野生化して繁殖し、房総半島全域に広がり、農作物に被害を与え社会問題になっている。
◎行川アイランド　撮影：山田虎雄

安房小湊駅

あわこみなと
【所在地】鴨川市内浦403
【開業年】1929（昭和4）年4月15日

【キロ程】84.3km（千葉起点）
【乗車人員】192人（2018年）
【ホーム】2面3線

日蓮聖人ゆかりの誕生寺の入口である安房小湊駅。改札口横に鉄道弘済会（KIOSK）の売店がある。現在では駅舎は改装されているが、屋根などに当時の面影が残る。◎安房小湊　1971（昭和46）年2月14日　撮影：荻原二郎

1929（昭和4）年開業の木造駅舎が、今も使われている。近年整備されたが、観光地に近いにもかかわらず、利用客は少ない。
◎安房小湊　撮影：長谷川 明

1979（昭和54）年４月15日に運転された「思い出の房総号」は、両国〜館山間を勝浦周りで運転された。ヘッドマークのほか側面のサボも特製のマーク入りが用意されていた。◎安房小湊　1979（昭和54）年４月15日　撮影：長谷川 明

外房線南部はトンネルが多く、蒸機列車時代には窓の開け閉めが大変だった。気動車化・電化の進展により煙の悩みから解放された。特急電車では"開かずの窓"となり、こんな話も昔語りとなった。
◎安房小湊　1979（昭和54）年４月15日　撮影：長谷川 明

165系の臨時急行「思い出の房総号」。165系の定期急行は1975年3月改正から房総半島一周の循環運転がなくなり、外房線が「外房」（新宿または両国〜安房鴨川間）内房線が「内房」（新宿または両国〜館山間）となった。1982（昭和57）年11月改正から定期急行は廃止されすべて特急となった。◎安房天津〜安房小湊　1979（昭和54）年4月15日　撮影：宇野 昭

外房線沿線の南部地域は、急峻な崖が海に迫りその間の平地に集落が見られる。写真後方の安房小湊駅に進入する183系特急「わかしお号」。◎安房小湊　1979（昭和54）年4月15日　撮影：長谷川 明

1978（昭和53）年10月から電車特急のマークが、従来の文字だけのものから絵入りとなり、ＳＬブームの後を引き継いだ形で人気を呼んだ。東京・上野・大阪駅などのホームは、カメラを持った子供たちであふれていた。「わかしお号」の絵柄は、外海の"浪がしら"を描いたものだった。◎安房小湊　1979（昭和54）年4月15日　撮影：長谷川 明

1974（昭和49）年10月の北総3線（総武、成田、鹿島線）電化完成に伴い、翌1975年3月の全国ダイヤ改正から、東京駅の特急発車時刻のラウンド化に伴い、急行列車の時刻も変更となり、循環急行は廃止された。外房線急行は安房鴨川までの単独運転となり、「外房号」に変更された。内房線も「内房号」となり、館山までの運転となった。
◎安房小湊　1979（昭和54）年4月15日　撮影：長谷川 明

安房天津駅

あわあまつ

【所在地】鴨川市天津1016
【開業年】1929（昭和4）年4月15日
【キロ程】87.7km（千葉起点）
【乗車人員】132人（2018年）
【ホーム】2面2線

安房天津駅の木造駅舎。現在では改築されている。駅前からは清澄山、誕生寺へのバスが発着している。日蓮聖人生誕750年祭の飾りつけも見える。改札口横に「伝言板」があるが「○○君へ、先に行っている。△△より」といった連絡をチョークで記入し、スマートフォンも携帯電話もなかった時代の貴重な情報連絡手段だった。
◎安房天津　1971（昭和46）年7月1日　撮影：荻原二郎

千葉区の183系の全面置き換えは255系の増備ではなくＥ257系500番台の新製によって行われた。デビューは2004（平成16）年で、アルミ合金製車体である。なお、Ｅ257系０番台は2001（平成13）年に中央本線で既に運用が開始されていた。
◎安房天津　2008（平成20）年８月14日　撮影：太田正行

安房鴨川に停車中のキハ17－キハ18－キハ17の３両編成。房総東西線（現・外房線、内房線）が電化される前は房総東西線の列車は安房鴨川で折り返さず東線→西線、西線→東線を直通した。当時は大網のスイッチバックがあるため、千葉から房総半島を一周して千葉へ戻っても車両の向きは変わらなかった。
◎安房鴨川　1961（昭和36）年３月19日
撮影：荻原二郎

安房鴨川駅

あわかもがわ
【所在地】鴨川市横渚952
【開業年】1925（大正14）年7月11日

【キロ程】93.3km（千葉起点）
【乗車人員】1,335人（2018年）
【ホーム】2面3線

安房鴨川に到着する183系特急「わかしお5号」（東京9：15-安房鴨川11：31）1972（昭和47）年7月の外房線電化、東京地下駅開業、総武本線複々線化時に登場し、短距離特急の元祖といわれ、1972年10月から「数自慢、カッキリ発車、自由席」をキャッチフレーズにした「エル特急」に指定された。
◎安房鴨川　1986（昭和61）年1月　撮影：山田 亮

【外房遊覧自動車株式会社の待合所】（昭和戦前期）

現在の鴨川日東バスの前身のひとつである外房遊覧自動車株式会社。その鴨川本社営業所の待合所の前に従業員とともにバス、タクシーが並んでいる。外房線、内房線といった鉄道が運んできた都内方面からの観光客は、こうした乗合、貸切の自動車にバトンタッチされて外房の各地まで運ばれていた。◎所蔵：生田 誠

安房鴨川駅の木造駅舎。2006（平成18）年８月に駅舎は改装されて東
西自由通路もできたが、駅舎は建替えではないため、屋根などは当時の
ままである。撮影された1971（昭和46）年７月に房総西線千倉〜安房
鴨川間の電化が完成し、新宿、両国から165系電車による電車急行が館
山経由で安房鴨川まで運転された。「祝、電化開通」の看板も見える。
◎安房鴨川　1971（昭和46）年７月１日　撮影：荻原二郎

終点の安房鴨川に近づく外房線113系の普通電車。この区間は海岸沿い
で太平洋の荒波が打寄せる外房らしい景色が続いている。
◎安房天津〜安房鴨川　1982（昭和57）年6月4日　撮影：安田就視

安房小湊駅に到着する183系下り特急「わかしお」。画面右側には鴨
川ホテル三日月が見える。写真の右上は誕生寺、鯛の浦方面へ続い
ている。◎安房小湊　2000（平成12）年7月28日　撮影：安田就視

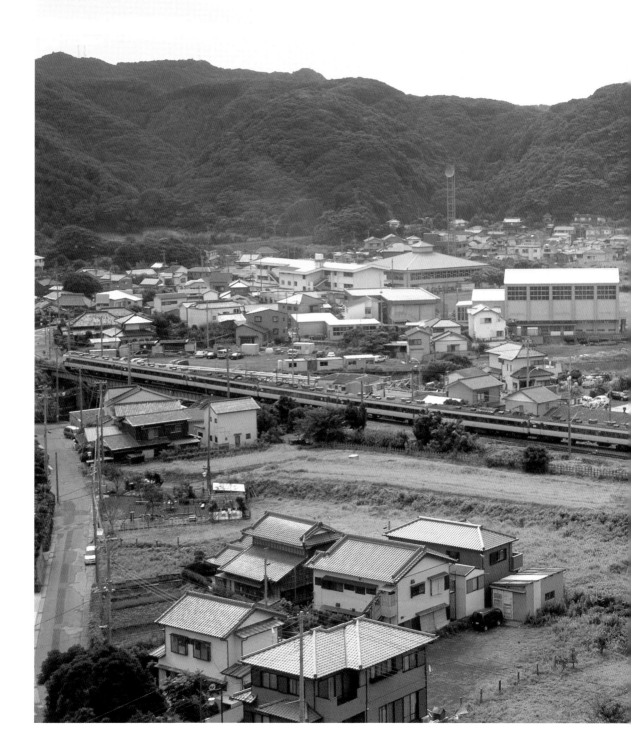

勝浦を早朝４時前後に発車する両国行き客車普通列車の車内。「カラス部隊」「かつぎ屋部隊」と呼ばれる野菜、魚などの女性行商人が多数乗車し、車内で商品の売買や交換も行われた。「千葉のおばさん」とも呼ばれ都内の料理店、一般家庭などのお得意先に向かった。大きな荷物が荷物棚を占拠し、敗戦直後の買出し列車のようである。
◎1965（昭和40）年12月11日　提供：朝日新聞社

電化前の安房鴨川駅前。気動車のキハ28が停車中。◎1969（昭和44）年7月1日　提供：朝日新聞社

「房総夏ダイヤ」の時刻表（1974年）

〈下り〉 外房線（勝浦回り）

駅名 ＼ 列車名	白い砂1号	みさき1号	わかしお1号	白い砂2号	みさき2号	白い砂3号	わかしお2号	わかしお3号	白い砂4号	白い砂5号	わかしお4号	白い砂6号	白い砂7号	わかしお5号	みさき3号	白い砂8号	みさき4号	わかしお7号	わかしお51号	白い砂9号	わかしお8号	わかしお9号	わかしお52号
行先	安房鴨川	安房鴨川	安房鴨川	安房鴨川	安房鴨川	安房鴨川	成東	安房鴨川	安房鴨川	安房鴨川	勝浦	安房鴨川	安房鴨川	安房鴨川	勝浦	安房鴨川	成東	安房鴨川	安房鴨川	安房鴨川	上総ノ宮	安房鴨川	上総ノ宮
新宿発		650	715											1252									
秋葉原〃		702	727											1304									
両国〃				804									1403										
東京	600	‖	‖	734	‖	815	838	↓	900	906	927	1000	1014	1123	1204	↓	1320	↓	1500	1540	1558	1700	1754・1834・1900・1947・2005
新日本橋〃	602	‖		736	‖	818	↓		909	930	↓	1016	1125	↓	‖		1322	↓		1600	↓	1756	1836・2007
馬喰町〃	604	‖		738	‖	820	↓		911	932	↓	1018	1127	↓	‖		1324	↓		1602	↓	1758	1838・2009
錦糸町〃	609	708	734	743	807	825	847	↓	908	915	936	1008	1023	1132	1212	1310	1329	1407	1508	1548	1607	1708	1803・1843・1908・1955・2014
新小岩〃	613	⊗	⊗	747	⊗	829	⊗	誉田1015発	920	941	⊗	1027	1136	⊗	1333	⊗	⊗	⊗		1611	⊗	1807	1847・⊗・2018
市川〃	619			753		835			926	950		1033	1142		1339					1617		1813	1853・2024
船橋〃	625	722	↓	759	824	841	846		933	957		1039	1148	1326	1345	1422				1623	↓	1819	1859・2031
津田沼〃									939	1001			1153		1350					1628		1824	1904・2036
千葉〃	645	740	811	818	840	901	918	940	946	1014	1040	1057	1205	1239	1342	1404	1439	1514	1539	1616	1641	1739	1836・1916・1939・2023・2054
大網〃	706	803	833	840	903	923	↓	1027	1014	1036	↓	1118	1227	↓	1402	1425	1459	1544		1706	↓	1859	1939・2001・↓・2117
茂原〃	717	817	↓	855	914	934	1010	東金	1036	1048	1103	↓	1317	1415	1436	1513		1610	1642	1728	1811	1919	1955・2013・2053・2128
上総一ノ宮〃	726	825	↓	905	923	948	1003	東金1037発	1036	1057	1121	1139	1252	↓	1425	1445	1522	東金1554	1700	1742	1928	2008	2022・2102・2137
大原〃	741	841	906	926	943	1002	1017		1050	1119	1135	1154	1312	1339	1439	1506	1536		1716	1800			2036・2116
御宿〃	759	849	914	934	951	1011	1040		1057	1127	1142	1212	1345		1521	1548			1810	1842			2124
勝浦〃	805	857	921	945	1018	1031	1048	成東	1108	1134	1151	1224	1328	1355	1500	1554		1848	1730	1817	1848		2048・2131
鵜原〃	810	905	↓	949	1002	1023			1111	1145		1229		1504	1601				1821	↓			
上総興津〃	815	909	928	953	1006	1038	1046		1120	1150		1227	1403	1508	1603				1829	1855			2139
行川アイランド〃	819	914	933	957	1011	1033	1043		1125	1155	1203	1242		1512	1609				1834				
安房小湊〃	824	919		1002	1016	1038			1132	1200	1209	1249		1413	1517	1614			1841	1905			2147
安房天津〃	829	924	942	1010	1043				1137	1207	1215			1417	1521	1618			1846	↓			
安房鴨川着	835	930	947	1015	1027	1049	1056		1111	1143	1212	1219	1259	1423	1527	1624		1712	1753	1852	1915		2110・2157
記事		勝浦から普通列車			普通列車から			日曜運転			勝浦から普通列車				勝浦から普通列車								

〈上り〉 外房線（勝浦回り）

駅名 ＼ 列車名	わかしお1号	わかしお2号	なぎさ1号	白い砂1号	なぎさ2号	わかしお3号	白い砂2号	わかしお51号	白い砂3号	わかしお4号	白い砂4号	白い砂5号	わかしお5号	白い砂6号	わかしお7号	白い砂7号	なぎさ3号	わかしお6号	白い砂8号	なぎさ4号	わかしお7号	わかしお8号	白い砂9号	わかしお52号
始発	上総ノ宮	上総ノ宮	安房鴨川	安房鴨川	安房鴨川	安房鴨川	安房鴨川	安房鴨川	安房鴨川	安房鴨川	安房鴨川	安房鴨川	成東	安房鴨川	勝浦	安房鴨川	安房鴨川	勝浦	安房鴨川	安房鴨川	安房鴨川	安房鴨川	安房鴨川	安房鴨川
安房鴨川発			716	843	1003	1057	1119	1219	1235	1306		1321	1403	1430	1505		1537	1543		1624	1701	1731	1813・1853	1902・1954
安房天津〃					1009	1106	1125	↓	1241	↓		1327	1414	1436	1511		1543	1549		1631	1707	1737	↓・1859・1905	1911
安房小湊〃			852		1015	1111	1130	1229	1246			1331	1414	1440	1517		1548	1553		1635	1714	1744	1916・2003	
行川アイランド〃			↓		1020	1115	1134	↓	1251	↓	成東	1336	1419	1445	1521		1559			1640	1719	1749	1921・2008	
上総興津〃			900		1028	1120	1139	1256			1340		1449	1526		1556	1606		1645		1755	1913	1926・2012	
鵜原〃					1035	1128	1145		1300		1348		1454	1530		1610			1652		1759	↓	1931	
勝浦〃		739	908	1047	1134	1152	1243	1304	1329		1354	1433	1459	1535		1604	1617	1629	1657	1731	1749	1804	1836・1921	1940・2021
御宿〃		744	915	1059	1143	1159		1310	1333		1400	1441	1505	1541		1611	1623	1640	1704	1739	1810	1842	1927・1946・2027	
大原〃		752		1107	1153	1210		1322	1348		1450	1515	1553		1620	1635	1651	1715	1749	1814	1819		1955・2037	
上総一ノ宮〃	609	636	652	806	↓	1121	1207	1227	↓	1340		1424	1503	1536	1607	1628	1639	1700	1715	1732	↓	1833	1838・2010・2050	
茂原〃	618	645	701	816	946	1130	1216	1233	1317	1342	1414		1437	1513	1547	1640	1647	1709	1724	1741	1811	1851	1846・1914	2023・2103
大網〃	628	656	717	↓	957	1141	1227	1246		1403		1448		1559	1631	1640	1700	1723	1735	1752		1913	1857・2033	
千葉着	650	716	739	845	1018	1201	1247	1308	1346	1430	1444	1509	1543	1621	1653	1711	1721	1746	1759	1812	1840	1936	1917・1947・2023	2054・2133
津田沼〃	706	731	753		⊗		1300	↓		1443		1523		1635	1706		1801	1813		⊗		⊗		2108・⊗
船橋〃	710	736	757		1217	1304	1323			1447		1527		1638	1709		1805	1817	1827		1955	1933		2112
市川〃	717	744	805		1311					1454		1534		1645		継取1659発	1812	1824		2002	⊗		2119・⊗
新小岩〃	722	749	810		1316					1459		1540		1654			1817	1833		2007			2124
錦糸町〃	728	755	816	915	1047	1234	1321	1338	1414	1505	1513	1547	1613	1659	1727	1747	1822	1838	1842	1912	1949	2016・2052	2129・2201
馬喰町〃	731	759	820	‖		1325		1508		1551		1703	1730		1826	1842		2016			2133	
新日本橋〃	734	802	822	‖		1327		1511		1553		1706	1733		1828	1844		‖			2135	
東京〃	737	805	825	924	1055	1330	‖	1421	1514	1521	1556	1620	1709	1736		1754	1831	1847	1919	2021	‖	2025	2138・2208
両国〃					1238		1342												1953				
秋葉原〃																	1848				2100	
新宿着																	1902				2114	
記事			勝浦まで普通列車		勝浦まで普通列車			日曜運転								勝浦まで普通列車		勝浦まで普通列車						

所蔵：長谷川 明

3章
東金線

大網で折り返す東金線のキハ17。東金線は1954年から全面的にディーゼル化された。背後の切り通し（東金方）は現在でも残っている。◎大網　1961（昭和36）年1月15日　撮影：宇野 昭

大網に近づく東金線から房総東線に直通する8620形38671（佐倉機関区）牽引の貨物列車。この貨物列車は土気の急勾配を避けるため、佐倉から成東、東金線、大網を経由し房総東線の茂原まで運行された。
◎福俵〜大網　1969（昭和44）年9月14日　撮影：宇野 昭

スイッチバック駅だった大網へ向かう東金線のディーゼル列車。キハ35＋キハ45の2両編成。大網で房総東線の列車は向きが変わった。蒸気機関車牽引列車は転車台で向きを変えたため10分以上の停車時間があった。画面左の切り通しは今でも残っている。1972年7月の外房線電化に先立ち同年5月27日から大網駅は高架新駅に移転し、スイッチバックは廃止された。
◎大網　1971（昭和46）年6月25日　撮影：荻原二郎

大網を発車するキハ17－キハ20の東金線成東行き。画面左に機回し線と転車台があり、房総東線列車は大網で向きが変わるため機関車牽引列車はここで機関車を転向した。背後の切通しは今でもある。
◎大網　1960（昭和35）年10月2日　撮影：荻原二郎

東金線で運行される209系4両編成。209系は「寿命半分、重量半分、価格半分」を掲げ1993（平成5）年に新系列電車として京浜東北・根岸線に登場し、2009（平成21）年から千葉地区で運行を開始した。ドアエンジンの違いで2000番台と2100番台があり、編成両端のクハ209は一部がクロスシート化され、編成中1ヶ所（モハ208）にトイレが設置されている。◎東金　2019（令和元）年12月　撮影：山田 亮

現在の東金駅。木造駅舎のままであるが堂々たる駅舎である。向かって右（大網方）には構内跨線橋と自由通路が並んで設置されている。駅の裏側からは1961年まで九十九里鉄道が発着していた。◎東金　2019（令和元）年12月　撮影：山田 亮

東金線を走る113系も一昔前の光景となった。現在は209系2000番台・2100番台にほぼ統一され外房線に直通する列車もある。早朝・夜間帯のみ京葉線のＥ233系が乗り入れ通勤・通学輸送に従事する。
◎東金〜求名　1991（平成３）年３月　撮影：安田就視

成東で総武本線と分岐する東金線列車。同線の電化を控えすでに架線が張られている。写真左側は総武本線。
◎成東　1973（昭和48）年9月2日　撮影：宇野 昭

キハ25（キハ20の片運転台タイプ）2両の東金線列車。車体幅を拡大し、車内設備や座席を改善したキハ20系は1957（昭和32）年に登場した。右側の線路上を保線作業員が移動している。◎東金　1958年頃　撮影：宇野 昭

2014（平成26）年2月に北東北から子供たちに大人気の「ポケモンwithyouトレイン」キハ100−3・キハ100−1が、臨時列車として千葉に現れて運転された。今はイエローベースとなっているが、この時はまだ旧塗装の青色ベースで、貴重な記録となった。◎成東　2014（平成26）年2月11日　撮影：長谷川 明

『東金市史』に登場する東金線

東金の人々は、千葉・東京に出るのに大網又は成東まで行き、そこから乗車したのであり、その不便は大きかった。

人の集まるところには、商店が立ち並び、旅館が営業を開始し、馬車や人力車が集散した。各町村の特産は、駅に集って来た。大網や成東におけるこうした活気あふれる様子を見ていた東金は、山武郡の中心地を自認していただけに、本線誘致に消極的だったことを悔いていたのではなかろうか。

特に、「上総の東金・木更津」と称し、商業の町、問屋町であった東金の商店の反省は大きかったに違いない。

それだけに、大網―東金間の開通は歓迎されたのではなかろうか。そして更に、成東への連絡も要求されて来た。大網・東金線の延伸である。明治43（1910）年鉄道敷設法が改正され、予定線の追加が行われ、「成東より東金に至る鉄道」が入れられた。そして、明治44（1911）年11月1日、当時の国有鉄道によって成東までの開通が出来たのである。ちなみに私鉄の鉄道会社は、明治40（1907）年9月1日に「国有鉄道」に編入されていた。

考えて見ると、八街・東金・大網の路線が起こった時、東金がその誘致に全力を傾けたなら、土気のトンネル掘削や、土気～大網間の急勾配、急カーブを無理して開通することもなかったであろうし、茂原方面へのスイッチバックも行われなかったであろう。また、大迂回して成東駅に入る路線もなかったのではなかろうか。

何よりも大きな欠陥は、房総線・総武線という2つの本線の延伸路線となったことである。そして、当初に述べたように、明治33（1900）年に開通してより平成元（1989）年の間、約90年経過している現在なおローカル線の不便をかこつこともなかったであろう。

（中略）

さて、総武線が成東を通ることに決定されたのであるが、それならば、東金を通す考え方は計画にあらわれなかったのであろうか。千葉から佐倉を経て銚子へ通す場合、佐原まわりは利根川の水運の利があることを思えば、内陸を通す1線が必要となる。その場合、都市から都市へ通す路線がまず考えられよう。佐倉から銚子にいたる中間都市として東金を除外することはできなかったのではなかろうか。また、千葉から太平洋岸の九十九里地帯へ、更に房州への路線を考えたばあいにも、東金を通すことは当時の常識として当然の措置とも考えられるのである。現在の路線でいえば、銚子方面は総武本線、房州方面は外房線となるが、東金は不幸にも位置的にはその両線の中間的地位にあることから、どちらへもつながることなく、孤児的存在にされ無駅の悲哀を嘆かされることになってしまった。そこで、いろいろ陳情をして、成東から総武本線に、大網から外房線につなげてもらい、ローカル線に甘んじなければならなくなったことは周知のとおりである。

（中略）

その後、同25（1892）年7月、鉄道敷設法が公布され、東京～銚子間が鉄道予定線に指定されることになり、理民の病退によって落ちこんでいた総武鉄道の敷設運動も、伊庭弘直・塚本正脩・塚本量平らの熱意によって、幸いに軌道にのることができ、成東経由も実現のはこびになったのである。

安井理民は悲運にも、明治27（1894）年2月16日、36歳の若さをもって、不帰の人となってしまった。彼は前述のごとく八街から東金を経て勝浦にいたる路線を考えていたが、その後、総武線において東金・芝山を通す路線を主張していたようだ。彼以外にも東金通過をよしとする意見は強かったのである。

このように東金通過希望が強かったことは、客観的にみても当然のことであったといえようが、成東通過の許可もなかなか下りなかったらしく、「若し、当局の許可が遅れることになれば、東金通過の議が会社内に再燃するおそれがあった。」（前掲書72頁）とも伝えられている。いろいろ異論のあった成東通過の決定にいたったのは、総武鉄道会社社長坂本則美の力によることが多かったらしい。

こうして、東金は総武本線からはずされてしまった。これは東金町民にとって不幸なことであったが、周辺町村民にとっても不幸なことであった。それに反して、成東町は文明の恩恵を受け、未開の荒野を文明の利器たる鉄道が疾走することになったのだから、よろこびもひとしおだったといえるだろう。

以上説いたとおり、総武本線が成東を通ることになり、東金通過についてはかなり熱心な要望もあったが、結局期待はずれになってしまった。そういう結果になった一因には、東金町民の鉄道敷

設に関する対応が消極的であったこと数えなければならないであろう。東金の場合は先述したように銚子路線のほかに房州路線の通路にもあたるから、房総線の鉄道敷設計画もあったのである。そして、その工事を企画していた会社は、房総鉄道会社であったのだが、同社は明治27（1894）年4月、蘇我と大網間開通の許可を得、工事に取りかかったが、土気トンネルの工事が意外の難工事となり予定よりおくれたが、同29（1896）年1月蘇我〜大網が開通し、同年2月蘇我〜千葉が開通し、千葉で総武線との連絡も可能となり、次の工事は大網と上総一宮間の開通であった。その時、大網から東金を経由する路通を構想して、東金の当局に了解をもとめたところ、東金では住民の反対があってこれを拒否したのであった。そこで、会社ではやむなく東金を避けて一宮から大原まで通すこととして、工事は明治32（1899）年12月に完成、開通のはこびとなった。こうして東金は総武線と房総線の間に孤立し、鉄道の通らぬ孤島となってしまったのである。所用の場合には、大網まで、あるいは成東まで歩いてゆかねばならぬ不自由さに堪えねばならないことになったのである。さすがの東金住民もこれには懲りて、こんどは逆に鉄道開通を関係方面に陳情し、資金を調達してようやく東金〜大網間が開通の運びとなった。

　これによると、資金は1株50円の株券を500株を東金町で負担することで了解がつき工事開始となったもののようである。文中に東金人民も「種々様々ノ困苦ヲ」したとあるがいろいろな問題で後手にまわってしまったのである。いたしかたないことであった。なお、諸文献には6月30日開通とあるが、それは営業開始が6月30日で、その前の6月10日に開業を祝う式が行われたのであろう。ともかくこれで千葉・東京方面への汽車利用が可能となったが、まだ東金〜成東間は不通だった。やがて、明治40（1907）年9月には、鉄道は国有鉄道に移管となり国家管理に移管された。そして、明治44（1911）年11月1日になって、ようやく待望久しい東金〜成東間が開通され、いわゆる東金線が全通となったのである。東金町民もさすがにうれしかったらしく、開通祝が盛大に行われた。

　こうして、今まで孤立状態におかれていた東金も、西は房総線へ東は総武本線へつながり、孤立状態から離脱することができたのである。これは結構なことにちがいない。だが、残念ながらローカル線の不便は甘受せざるとえないのであった。

電化直前の東金線を行くキハ30−キハ35−キハ35の3両編成。赤色一色になる前の朱色（朱色4号）とクリーム（クリーム4号）の塗装である。同線は1973年9月28日に電化された。◎成東〜求名　1973（昭和48）年9月2日　撮影：宇野 昭

九十九里鉄道の単端式ガソリンカー、1926（大正15）年製造でボンネットが突き出し、運転台が片側にしかなく終点で転向
が必要だった。付近は九十九里浜に近い平野である。◎荒生　1960（昭和35）年11月　撮影：園田正雄

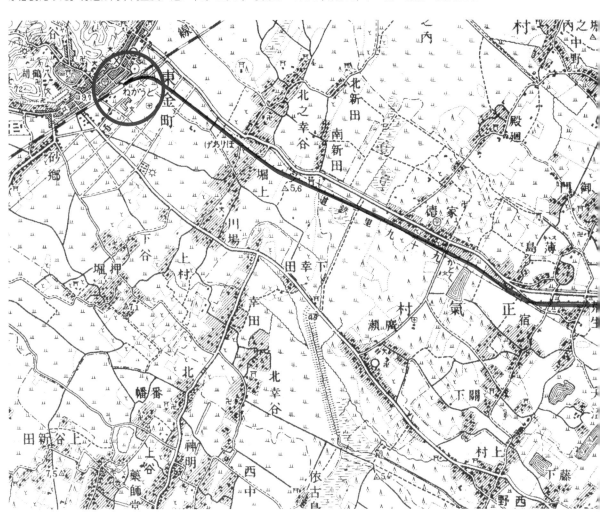

付随客車ケハフ301。岩井町営軌道（鳥取県、山陰本線岩美～岩井温泉）の気動車を戦時中に譲り受けて付随車とし、ガソリンカーに牽引されて走った。◎東金　1960（昭和35）年10月　撮影：荻原二郎

九十九里鉄道は東金～上総片貝間8.6Ｋｍを結び、地元ではキドー（軌道）と呼ばれ途中5駅があった。1926（大正15）年11月に開通。1961（昭和36）年3月1日廃止（運行は2月28日まで）。九十九里平野を一直線で走り、終点上総片貝は九十九里浜に面した町だった。

木原線

　本町は明治に入り、郡役所のある大多喜町との往来が逐次活発となり、早くから交通の便が望まれてきた。

　ここに地方の末端の交通機関として登場したのが人車軌道（県営）であった。これは軌道の上で数人乗りの車両を2、3人の人夫が押すもので、当時は電気・蒸気に比べて安上りのため普及したいわば過渡期の乗物であり、明治末から大正初年までが全国的にピークで、県内には野田方面など3件存在したが、そのうちの1つが大原〜大多喜間であった。

　これは大正元年に県で建設したもので、16キロを2時間半で走り、約1時間毎に8〜9往復程度動いていた。大正7（1918）年当時の運賃は46銭で、米1.5キロが16〜17銭で買えた時代の公共料金としては決して安い方ではなかった。人車軌道は、大正10年に夷隅軌道株式会社に譲渡されるまでの10年間続いた。大原駅前（現在の丸通倉庫・NTT裏）を起点として、大喜多町舟子（外廻橋東側）までで、8人乗り客車は2人、4人乗りは1人の人車夫が後を押し、上り勾配の急な森宮・行川・七曲の3ヵ所には信号手が常駐して補機の役目を果たしていた。人車夫の賃金は日給40銭であったが、千葉県職員であるということと、制服制帽が貸与されるので、田舎では相当魅力的な職業であったらしい（『鉄道ピクトリアル』昭和41年刊行による）。

　人車の経路は、大原〜大多喜間の大部分が県道103号線を利用した併用軌道で、専用軌道区間は、大原ー山田と大多喜森宮付近の2ヵ所だけであり、駅は、大原・新田・山田・苅谷・引田・増田・大多喜の7駅が設けられた。しかし、その経営は苦しく、県から夷隅軌道株式会社に引き継がれた。大正10年11月20日に創立された同社本社は、大原8760の4番地（現川辺整骨院の東隣）にあった。社長土屋弁次郎は、会社発足後から計画していた気動車運転を実施するため、人車を人力からガソリン動力に変更すべく、大正11年3月13日付で政府に動力変更申請を行った。

(中略)

　大正11年9月5日、動力変更は認可され、まず気動車1両の到着により、旧人車の運転と併用して試運転を行ったところ好成績であったが、今までの貧弱な線路にガソリンカーの使用は過重なことが判ったので、線路の補修を行い完了した後、大正12年2月21日から大原ー大多喜間1日6往復の気動車のみによる運転を開始し、宿願を達成した（『鉄道ピクトリアル』昭和41年刊行による）。

　一方このころから大原〜大多喜間にバス3台が運行し、房総東線列車に接続発着して50分70銭で運行し始めたので、60分63銭で走る夷隅軌道には一大脅威であった。このような状況のなか大正14年、政府は木更津、大多喜〜大原ルートを木原線として着工することを決定した。省線開通の暁には存立不可能と察知した同社は、昭和2（1927）年、鉄道省へ夷隅軌道の買収を請願したところ総額8万5000円で買収されることになり、同年8月31日限りで営業を廃止し、翌月18日の臨時株主総会の決議によって、同日附けで解散したのである。

　木原線は昭和5（1930）年4月1日、ガソリンカーの呼称で大原〜大多喜間が開通し、1日8往復の客貨列車が両駅を35分で結び、その輸送実績は人車時代に比べ約10倍に達した。更に昭和9年には上総中野まで開通し、既に五井から南下していた私鉄小湊鉄道に接続したのである。この当時、上りの車中で知己の車掌が「今、小湊鉄道から中野で木原線に乗りかえたが、まるで水の上を走っているような感じだ」と語ったが、そのころの私鉄と国鉄の線路の状況が察せられる。しかし、久留里線と握手させる予定だった当初のプランは中絶したままとなって現在に至っている。

　こうして、郡内を横断し永年人々に親しまれてきた木原線も昭和29年にディーゼルカーに切替わったのち、昭和末期、全国赤字路線の1つに数えられていたため、国鉄がJRに衣替えする昭和62年に民営の「いすみ鉄道」と名が変り、その歴史を閉じた。

4章
木原線（現・いすみ鉄道）

木原線のレールバス、キハ01。1954（昭和29）年に製造されたキハ10000形レールバスは最初に木原線に投入され、1957年にキハ01形に改番された。レールバスはバス用の部品を使用し、車体構造もバスに近いが耐用年数が短かく、1963年に引退した。ホーム反対側には小湊鉄道のキハ41000形が止まっている。
◎上総中野　1957（昭和32）年9月

木原線のキハ04形。キハ04は戦前製造のガソリンカー、キハ41000形で、戦後の1949年から天然ガスを燃料とした天然ガス動車に改造し、木原線で運行された。その後ディーゼルエンジンに換装された。変速装置は機械式で連結運転の際は1両ごとに運転士が乗務し、クラッチと変速レバーを操作した。◎大原

大原を発車する木原線列車。キハ07 34とキハ04の2両編成。画面左に貨物ホームが見える。◎大原　1963（昭和38）年7月20日　撮影：宇野 昭

レールバス、キハ01に代わって木原線に投入された機械式キハ07形（キハ07 33）戦前の製造のキハ42000形ガソリンカーで戦後ディーゼルエンジンに換装された。◎大原　1963（昭和38）年7月20日　撮影：宇野 昭

キハ04＋キハ07の木原線列車。レールバスが廃車された後は機械式ディーゼル車キハ04、キハ07が投入され時代に逆行した感があった。機械式で総括制御できず各車に運転士が乗務した。キハ04、キハ07はいずれも便所がなかった。◎大原　1963（昭和38）年7月20日　撮影：宇野昭

木原線で1954年から1963年まで運行されたレールバス、キハ01（キハ01 03）。配属は千カウ（勝浦機関区）だが、勝浦機関区大原支区に常駐していた。撮影時は廃車後まもなくで錆が浮かんでいる。キハ01は便所がなく、サービス上問題が多かった。◎大原　1963（昭和38）年7月20日　撮影：宇野 昭

木原線のキハ07形（キハ07 34）とレールバスのキハ01形。キハ07は戦前製の機械式気動車で当時はキハ42000と称した。戦後、ディーゼルエンジンに換装されたが、機械式で連結運転の際は1両ごとに運転士が乗務した。◎国吉　1960（昭和35）年10月2日　撮影：荻原二郎

大原を発車する木原線の機械式ディーゼル車キハ04
形。1両（単行）のため通学生で混雑している。左側
は貨物ホーム。木原線は1963年にレールバス（キハ
01）から機械式キハ04、07に置き換えられたが、車両
が古く時代が逆戻りした感があった。
◎大原　1963（昭和38）年7月20日　撮影：宇野 昭

木原線を走るキハ07の2両連結。機械式のため各車に運転士
が乗務。1両目の前部ドアが開いている。
◎大原～西大原　1963（昭和38）年7月20日　撮影：宇野 昭

いすみ鉄道のキハ52形（キハ52125）。大糸線（南小谷〜糸魚川間）で運行されていたキハ52をJR西日本から譲り受け2011（平成23）年4月から運転を開始した。2014年から赤一色となっていたが、2019年6月から朱色4号とクリーム4号の国鉄一般形気動車色となった。◎国吉　2019（令和元）年12月　撮影：山田 亮

「そと房」のヘッドマークを付けたキハ28形（キハ282346）とキハ52125の「急行」。国吉駅構内には保存されているキハ30が見える。1960〜70年代の国鉄ローカル線の光景が2020年に見られる。◎国吉　2019（令和元）年12月　撮影：山田 亮

いすみ鉄道がJR西日本から譲り受けた急行形キハ28（キハ282346）。2013年3月から運転を開始し、国鉄時代と同じ「そと房」の小形ヘッドマークを付けている。◎大多喜　2018（平成30）年2月　撮影：山田 亮

いすみ鉄道から譲り受けたキハ52125は2014年から赤一色（赤色5号）となった。この色は首都圏色といわれたが後に全国の一般形ディーゼル車がこの色になった。ファンからはタラコ色といわれた。◎大多喜　2018（平成30）年2月　撮影：山田 亮

久留里線で運行されていたキハ30形は2012年11月で運行を終了し、最後のキハ30形3両のうちキハ3062はいすみ鉄道に譲渡され国吉駅構内で腕木信号機とともに保存されている。2019年に化粧直しされて塗装も登場時の塗装（朱色4号とクリーム4号）となった。◎国吉　2019（令和元）年12月　撮影：山田 亮

いすみ鉄道転換時（1988年3月24日）の大原駅。手前側（向かって左側）にいすみ鉄道の駅舎が新築された。
◎大原　撮影：山田虎雄

木原線は大多喜までは田園風景が続く。
キハ35－キハ30の2両編成。◎国吉～
上総中川　1988（昭和63）年2月14日
撮影：宇野 昭

国鉄木原線は1981（昭和56）年に第1次廃止路線に指定され、第三セクター化を前提にJR東日本に継承された。いすみ鉄道が設立され1988（昭和63）年3月24日に転換された。2月に訪れた大多喜駅では、いすみ鉄道の車両の試運転が行われていた。◎大多喜　1988（昭和63）年2月14日　撮影：長谷川 明

木原線時代の大多喜駅。停車中のキハ07形が停車中。1988年3月に第三セクターいすみ鉄道が継承し、2009年から千葉県内で訪問歯科を行っているデンタルサポート㈱が同駅の命名権を取得し、デンタルサポート大多喜駅となった。
◎大多喜　1961（昭和36）年9月13日　撮影：荻原二郎

いすみ鉄道転換時（1988年3月24日）の大多喜駅、時計台が屋根上に造られた。
◎大多喜　1988（昭和63）年3月　撮影：山田虎雄

一か月後の廃止を目前にした木原線列車で、キハ35 129＋キハ30 21 の編成が大原に向けて大多喜駅を発車して行く。
◎大多喜　1988（昭和63）年2月14日　撮影：長谷川 明

いすみ鉄道転換時に投入されたセミクロスシートの「いすみ100形」後にロングシート化されて「いすみ200形」となった。
◎大多喜　撮影：山田虎雄

大多喜駅上りホームに停車中のキハ07 17。ホーム上の
待合室はいすみ鉄道となった現在でも変わっていない。
◎大多喜　1958年頃　撮影：宇野 昭

上の写真と同一位置
から撮影。
◎大多喜　2008（平
成20）年10月　撮
影：山田 亮

上の写真の反対位置
から撮影。
◎大多喜　2008（平
成20）年10月　撮
影：山田 亮

1954年に登場したレールバスは当初キハ10000形と称し、1957年にキハ01形となった。国鉄でレールバスが最初に投入された線区は木原線だった。レールバスはバス用の部品を使用し、車体構造もバスに近いため、耐用年数が短く1963年に引退した。総括制御ができず、連結運転時は1両ごとに運転士が乗務するため、非効率であった。
◎大多喜　1961（昭和36）年9月13日　撮影：荻原二郎

大多喜城をバックに第4夷隅川橋梁を渡る木原線
キハ35－キハ30の2両編成。◎大多喜～小谷松
1988（昭和63）年2月14日　撮影：宇野 昭

木原線も大多喜を過ぎると房総半島中央部の里山風景が続く。カーブを行く木原線キハ30－キハ35の2両編成。
◎東総元～久我原　1988（昭和63）年2月14日　撮影：宇野 昭

第三セクター転換前の木原線時代の上総
中野駅の情景であり、駅舎も建て替え前
である。腕木式信号機が下りて、木原線
のキハ30 31が発車する直前で、エンジ
ン音が聞こえそうだ。右側の小湊鐵道の
200形車両は、今も変わらぬ姿で運用さ
れている。◎上総中野　1988（昭和63）
年2月14日　撮影：長谷川 明

懐かしい腕木式信号機が"ガタン"と降りて、キハ35 93＋キハ30 31の上り列車が発車した。この木原線は1930（昭和5）年4月に大原～大多喜間が開通、1934年8月26日に上総中野に達して、小湊鐵道と連絡した。当初はC10・C12牽引の木造客車、1934年にキハ40000形ガソリンカーの併用を開始した。戦時中のガソリン不足時には天然ガスを1944年まで使用した。戦後もガスカーキハ41200形を一時使用した。1954年には新製のレールバスであるキハ10000（→キハ01）が配置されたが、収容力不足で不評を買い、7年で一般形気動車に置き替えられた経緯がある。
◎上総中野　1988（昭和63）年2月14日　撮影：長谷川 明

木原線の上総中野で待機するキハ07（キハ07 33）とレール
バス、キハ01（キハ01 53）。画面右のレールバス、キハ01
は50番台の寒地用であり、当初北海道で運行されたが、後
に勝浦機関区に配置され木原線で1963年まで運行された。
◎上総中野　1960（昭和35）年10月2日　撮影：荻原二郎

第三セクター化を翌月に控えた上総中野
駅での木原線（左）と小湊鐵道（右）の接
続風景。画面左の木原線はキハ30－キ
ハ35の2両編成。木原線は1988年3月
24日から第三セクターいすみ鉄道となっ
た。◎上総中野　1988（昭和63）年2月
14日　撮影：宇野 昭

木原線と小湊鐵道の接続駅、上総中野で木原線の機械式ディーゼル車キハ07（キハ07 4）と小湊鉄道キハ41000（キハ41004）が並ぶ。◎上総中野　1965（昭和40）年2月7日　撮影：荻原二郎

木原線にはロングシートのキハ30も運行された。キハ30はキハ35の両運転台タイプで便所がない。画面左は小湊鉄道のホーム。◎上総中野　1971（昭和46）年２月14日　撮影：荻原二郎

小湊鐵道との接続駅上総中野に到着したロングシート、キハ30の２両編成。現在、キハ30 62がいすみ鉄道国吉駅で国鉄色で保存されているが、この車両も勝浦機関区（千カウ）に所属し房総東線および木原線で運行された。
◎上総中野　1971（昭和46）年２月14日　撮影：荻原二郎

1928（昭和3）年5月、小湊鐵道全線開通時に開設。1934（昭和9）年8月、木原線が全線開通し接続駅となった。1988年3月の木原線からいすみ鉄道への移管時に無人化され、翌1989年に簡素な駅舎に建替えられた。
◎上総中野　1971（昭和46）年2月14日　撮影：荻原二郎

いすみ鉄道転換時（1988年3月24日）の上総中野駅。◎上総中野　1988（昭和63）年3月　撮影：山田虎雄

【著者プロフィール】

山田 亮（やまだ あきら）

1953（昭和28）年生まれ、慶應義塾大学鉄道研究会ＯＢ、慶應鉄研三田会会員、元地方公務員、鉄道研究家として鉄道と社会とのかかわりに強い関心を持つ。

昭和56年、「日中鉄道友好訪中団」（竹島紀元団長）に参加し北京および中国東北地方（旧満州）を訪問、平成13年、三岐鉄道（三重県）創立70周年記念コンクール訪問記部門で最優秀賞を受賞（この作品は月刊鉄道ジャーナルに掲載）、現在は月刊鉄道ピクトリアル（電気車研究会）などに鉄道史や列車運転史の研究成果を発表。著書に「関西の国鉄　昭和30年代～50年代のカラーアルバム」「相模鉄道　街と鉄道の歴史探訪」（2019、フォト・パブリッシング）がある。

【執筆協力】

長谷川明（本人撮影写真の解説）

【写真撮影】

青木栄一、伊藤威信、宇野 昭、太田正行、小川峯生、
荻原二郎、園田正雄、長渡 朗、長谷川明、林 嶢、安田就視、
山田 亮、山田虎雄、朝日新聞社

【絵葉書・沿線案内図所蔵】

生田 誠

◎安房鴨川　1986（昭和61）年1月　撮影：山田 亮

外房線
そ と ぼ う せ ん

街と鉄道の歴史探訪
まち　 てつどう　 れきしたんぼう

2020年2月5日　第1刷発行

著　者……………………山田 亮
発行人……………………高山和彦
発行所……………………株式会社フォト・パブリッシング
　　　　　　　　　　　〒161-0032　東京都新宿区中落合2-12-26
　　　　　　　　　　　TEL.03-5988-8951　FAX.03-5988-8958
発売元……………………株式会社メディアパル
　　　　　　　　　　　〒162-8710　東京都新宿区東五軒町6-24
　　　　　　　　　　　TEL.03-5261-1171　FAX.03-3235-4645
デザイン・DTP………柏倉栄治（装丁・本文とも）
印刷所……………………株式会社シナノパブリッシング

ISBN978-4-8021-3178-0 C0026